国情教育研究书系

田慧生◎主编　曾天山◎副主编

中国特殊教育发展报告 *2013*

彭霞光 等 著

教育科学出版社

·北京·

出 版 人　李　东

责任编辑　何　艺　薛　莉

版式设计　孙欢欢

责任校对　张　珍

责任印制　叶小峰

图书在版编目（CIP）数据

中国特殊教育发展报告. 2013／彭霞光等著 . —北
京：教育科学出版社，2016. 9
　　（国情教育研究书系）
　　ISBN 978-7-5191-0711-6

　　Ⅰ.①中…　Ⅱ.①彭…　Ⅲ.①特殊教育—研究报告—
中国—2013　Ⅳ.①G769. 2

　　中国版本图书馆 CIP 数据核字（2016）第 217356 号

中国特殊教育发展报告 2013
ZHONGGUO TESHU JIAOYU FAZHAN BAOGAO 2013

出版发行	教育科学出版社		
社　　址	北京·朝阳区安慧北里安园甲 9 号	市场部电话	010-64989009
邮　　编	100101	编辑部电话	010-64989419
传　　真	010-64891796	网　　址	http://www.esph.com.cn
经　　销	各地新华书店		
制　　作	北京金奥都图文制作中心		
印　　刷	保定市中画美凯印刷有限公司		
开　　本	169 毫米×239 毫米　16 开	版　　次	2016 年 12 月第 1 版
印　　张	11	印　　次	2016 年 12 月第 1 次印刷
字　　数	160 千	定　　价	33.00 元

丛书编委会

主　　编：田慧生

副 主 编：曾天山

编委会成员（按姓氏笔画排序）：

丛书总序

为打造具有国家水准、国际视野的教育科研成果，更好地服务于办好人民满意的教育，服务于全面建成小康社会，在中央级公益性科研院所基本科研业务费专项基金的支持下，我院开展了对国内外重大教育理论与现实问题的系统研究，形成了"国情、国视、国菁、国际"四大书系。

"国情"教育研究书系以年度发展报告的形式，全面反映我国各级各类教育的成就、经验和挑战，对全国各省（自治区、直辖市）教育发展和政策进行区域比较，对我国各级各类教育的发展水平进行国际比较，力求对我国教育的规模、结构、质量和效益做出科学判断。

"国视"教育研究书系聚焦社会关注的教育热点难点，着眼于基础性、长远性、前瞻性问题，以了解事实、回应关切、提供政策建议为主要目的，探索教育发展规律。

"国菁"教育调研书系专门研究大中小学生的学习生活状态，涉及学校生活、家庭生活、社会生活、网络生活等，通过调查研究，了解当代学生的思想情感和行为特点，为研究如何促进学生的身心健康发展提供科学依据。

"国际"教育研究书系分为著作和译作两类，主要反映国际教育改革发展动态，回顾国际教育的历史进程，跟踪国际教育的改革动态，把握国际教育的发展趋势。

四大书系既各自独立又相互联系，在保持各书系特点的同时，力求做到：

一、"从事实切入"。"事实"是"事件真实的情形"，是在过去和现在被验证且中立的信息。在科学研究中，事实是指可证明的概念，是研究的起点。客观的事实是逻辑的基础和内容，逻辑是事实的理论再现。从实际对象出发，从实际情况出发，能够提高研究问题的针对性和实效性。

二、"用数据说话"。数据是研究和决策的基础。四大书系力图建立在数据和事实的基础之上，通过对数据的搜集、提炼、整合、分析，发现问题，探索规律。

三、"做比较分析"。没有比较就没有鉴别。四大书系力求通过国别比较、区域比较、类型比较、结构比较，找到差距，发现真知，提供卓见。

四、"搞协同创新"。协同创新是提高创新效率和创新水平的战略要求。四大书系研究调动院内外、系统内外、国内外资源，注重人员交叉、学科交叉、方法交叉，力求有所创新、有所突破。

五、"靠政策影响"。建言献策是智库研究的最终目的。四大书系以教育公共政策为研究对象，以影响政府决策为研究目标，以公共利益为研究导向，以社会责任为研究准则，建可信之言，献可行之策。

四大书系的编辑出版是我院全面提高教育科研水平的一项整体努力，也是建设国家一流教育智库的客观要求。在研究和编写过程中，书系得到了相关机构和同仁，特别是教育部相关司局及有关部委的大力支持，前期成果也受到了广大读者的欢迎，在此一并致谢！我们将以此为起点，不懈努力，加快中国特色新型智库建设，为推动中国教育事业科学发展发挥不可替代的重要作用。

中国教育科学研究院
2014 年 11 月

目　录
CONTENTS

前　言 / 001

第一章　中国特殊教育事业发展状况 / 006
　　一、残疾儿童少年基础教育发展状况 / 007
　　二、残疾人高等特殊教育发展状况 / 037

第二章　中国各地区特殊教育发展状况 / 046
　　一、残疾儿童少年基础教育地区发展状况 / 047
　　二、特殊教育学校数量与办学条件状况 / 055
　　三、特殊教育学校教师数量与素质状况 / 064
　　四、特殊教育学校教育经费使用状况 / 069
　　五、高等特殊教育发展状况 / 074

第三章　中国特殊教育财政发展状况 / 080
　　一、特殊教育财政发展概况 / 080
　　二、特殊教育财政实践 / 087
　　三、特殊教育财政拨款机制存在的问题与政策建议 / 093

第四章　地方特殊教育发展模式和经验 / 100
　　一、"特教特办"保障残疾儿童少年教育权利 / 101
　　二、政府"借力"提升随班就读发展水平 / 112
　　三、创新办学模式提高特殊教育质量 / 121

第五章　中外特殊教育发展比较 / 129

　　一、特殊教育法律内容的比较 / 129

　　二、特殊教育行政管理体系的比较 / 135

　　三、特殊教育财政制度的比较 / 142

第六章　中国特殊教育发展展望 / 152

　　一、特殊教育发展中的问题 / 153

　　二、特殊教育发展政策建议 / 161

后　记 / 170

前　言

近几年来，伴随着中国经济的发展和政策环境的改善，中国特殊教育发生着一系列巨大变化，逐步从福利型转变为保障型和权益型，并被纳入我国教育"依法治教"的轨道。完善特殊教育法律法规与体制建设，推进特殊教育改革发展，提升特殊教育整体发展水平是我国"依法治教"的必然趋势。2010 年颁布的《国家中长期教育改革和发展规划纲要（2010—2020 年）》（以下简称《规划纲要》）将"特殊教育"单列一章，体现了党和政府对特殊教育的高度重视，开启了特殊教育改革与发展的新篇章。2012 年国务院印发的《国家基本公共服务体系"十二五"规划》将"残疾人基本公共服务"单列为第十一章，从重点任务、基本标准和保障工程等三方面进行了规划，残疾人基本公共服务成为国家基本公共服务体系的重要组成部分。2012 年颁布的《国务院关于加强教师队伍建设的意见》也对特殊教育教师队伍建设提出了明确要求，指出"特殊教育教师队伍建设要以提升专业化水平为重点，提高特殊教育教师培养培训质量，健全特殊教育教师管理制度"。2010 年国家开始组织修订《残疾人教育条例》，之后发布的《残疾人教育条例（修订草案）（征求意见稿）》在充分考虑我国特殊教育发展状况和水平的同时，尽可能与国际特殊教育发展趋势接轨，提出了残疾人教育优先采用普通学校融合教育[①]的安置形式，并逐步实现对所有残疾儿童少年教育的"零拒绝"。

总体来讲，《规划纲要》颁布以后，我国特殊教育确实发生了一些

---

① "融合教育"由"inclusive education"翻译而来，又译为"全纳教育"。中国港澳台地区普遍使用"融合教育"，大陆地区特别是国家政策文件多使用"全纳教育"，大陆地区专家学者在文章中有时使用"融合教育"。

可喜的变化。第一，特殊教育被纳入国家教育发展的总体规划。目前，中国特殊教育已经基本形成了从学前教育阶段、基础教育阶段到高等教育阶段等相对独立的特殊教育体系，很多人因此会产生一些误解，认为残疾人教育只是发生在特殊教育学校，因此普通教育规划或普通教育政策往往也不涉及残疾人的教育。事实上，我国残疾人教育实施的是"普通教育方式"与"特殊教育方式"并存的双轨制教育体系。目前 50% 以上的在校残疾学生在普通教育机构接受教育，但由于特殊教育和普通教育行政机构相对独立，特殊教育规划和政策往往仅能覆盖特殊教育机构，很难惠及在普通教育机构学习的残疾学生，而普通教育机构颁布的规划和政策又不涉及残疾人群体，因此使得在普通教育机构学习的残疾学生群体的需求和权益被忽视。《规划纲要》的颁布，逐渐改变了这种现状。无论是 2012 年国务院印发的《国家基本公共服务体系"十二五"规划》，还是 2012 年颁布的《国务院关于加强教师队伍建设的意见》，都将残疾人群的权利纳入其中，提高了各级政府对特殊教育的重视程度，促进了特殊教育与普通教育的同步发展，特别是对推动残疾人在普通教育机构接受教育具有极大的促进作用。

第二，更加关注所有残疾人群体的教育需求。由于历史的原因，在相当长的时间内，我国主要是为盲、聋、智障三类残疾儿童提供教育，特殊教育学校是对三类残疾学生实施教育的唯一形式，其他残疾人群体如孤独症、脑瘫、肢体残疾及多重残疾儿童或者去普通学校就读，或者待在家里无学可上。即使是颁布的特殊教育发展规划或特殊教育政策也大多仅对三类残疾儿童少年的教育提出具体明确的目标和要求，国家发布在校残疾学生人数时也主要是对三类在校残疾学生进行统计，这种状况会导致国际社会的误解，即认为中国仅对三类残疾儿童提供教育服务。这不仅严重影响了中国残疾人教育的国际声誉，而且也制约了特殊教育的整体发展。近几年来，我国特殊教育的服务对象日益扩大。2009 年教育部等部门联合颁布的《关于进一步加快特殊教育事业发展意见》指出，除了盲、聋、智障儿童少年外，要以多种形式为重度肢残、重度智障、孤独症、脑瘫和多重残疾儿童少年提供义务教育服务；《残疾人教育条例（修订草案）（征求意见稿）》也扩大了我国的特殊教育对象，将重度肢残、重度智障、孤独症、脑瘫和多重残疾等残疾儿童的教育以法律形式纳入国家特殊教育范畴，提出要逐步实现对所有残疾儿童少年教育的"零拒绝"，真正体现全面提高与公平享有的原则。

第三，更加重视融合教育在残疾人教育中的地位和作用。随班就读教育形式扩大了残疾儿童少年的教育机会和选择范围，在普及残疾儿童少年义务教育中起到了非常重要的作用，但没有在残疾人教育中获得相应的重要地位，无论是政策支持还是财政保障都有待提升。近几年来，国家越来越意识到推进融合教育的重要性，更加强调全面推进融合教育，在普通教育文件中增加特殊教育内容，在特殊教育文件中提出扩大与普通教育交流融合的举措，力图驱动普通教育和特殊教育两个轮子同时协调运转。一方面，国家颁布的《规划纲要》《国家基本公共服务体系"十二五"规划》和《国务院关于加强教师队伍建设的意见》等都包含特殊教育或残疾人基本公共服务的相关条款和规定；另一方面，《残疾人教育条例（修订草案）（征求意见稿）》及《特殊教育提升计划（2014—2016 年）》等也都加大了推进融合教育的内容比例，提出优先采用融合教育方式，最大限度消除差别，使每一个残疾孩子都能接受合适的教育，并平等参与社会生活。

第四，更加关注残疾人的教育质量。残疾人教育不仅仅要解决"有学上"的问题，还应该提高教育教学质量，解决"上好学"的问题，让每一个残疾学生都能享受到更加优质的教育。无论是《规划纲要》还是《残疾人教育条例（修订草案）（征求意见稿）》及《特殊教育提升计划（2014—2016 年）》都提出了要以义务教育为重点，围绕"数量"与"质量"两个核心，在以扩大残疾人受教育规模、提高入学率为主要工作重点的同时，也要深化特殊教育课程教学改革，健全课程教材体系，改革教育教学方法，提升教师专业化水平，全面提升特殊教育质量，使残疾人能够更好地融入社会，并最终能平等地参与社会生活。

不可否认，近 10 年是我国特殊教育工作推动力度最大、取得成绩最为显著的 10 年。在党和政府的高度关心与重视下，特殊教育的财政投入加大，中西部特殊教育学校建设工程得以实施，特殊教育普及水平、教师队伍素质、特殊教育质量等方面都达到前所未有的发展水平，使我国特殊教育进入最好的发展时期。我国政府非常重视特殊教育的发展，把特殊教育当作推进教育公平、促进社会和谐的"托底工程"，近几年出台了一系列特殊教育倾斜政策，实施了一系列重点工程项目，以缩短特殊教育与普通教育的差距，力图走出一条适合中国国情的特殊教育发展之路。

特殊教育稳步发展。第一，特殊教育学校布局更加趋于合理。国家"十一五"期间实施的"中西部地区特殊教育学校建设"项目取得了显著成效，新建、改建或扩建特殊教育学校1182所，缩短了中西部地区与东部地区的差距，使特殊教育学校布局逐渐趋于合理。第二，在校残疾学生类别逐渐增加。尽管在校残疾学生仍然以盲生、聋生、智障学生为主，但其他类残疾学生如孤独症、脑瘫、多重残疾学生人数也在小步稳定增加。第三，特殊教育学校教师队伍不断壮大，学历层次也有很大提高。其中西部地区专任教师数量增长最快，增长幅度远大于中部和东部地区。第四，未入学的三类残疾儿童大幅减少，2013年比2010年减少了5.4万人。第五，特殊教育学校办学条件继续得到改善。无论是校舍建筑、专业教室设施设备，还是图书和数字资源拥有量等，都得到了很大的改善，越来越有条件满足特殊儿童教育、康复及生活的需求。第六，特殊教育财政投入总量逐年增加，2013年比2010年增加了5.5亿元。国家财政性教育经费投入是特殊教育学校经费收入的主要来源。

特殊教育存在问题比较突出。第一，总体来说，我国残疾儿童接受义务教育不足，特别是盲、聋、智障等三类残疾儿童以外的残疾儿童群体，如孤独症、脑瘫及多重残疾儿童等的义务教育面临挑战。此外，近几年在校残疾学生人数有逐年下降的趋势，其中中部地区下降幅度最大。第二，特殊教育资源布局不合理，在大城市特殊教育学校校舍设施设备优于普通学校的同时，全国仍然有至少589个30万人口以下的县没有特殊教育学校，其中至少500个在中西部地区，这些地区的残疾儿童义务教育面临很大的困境。第三，残疾学生家庭承担的教育负担偏重，总体来讲，残疾儿童家庭需要承担比普通儿童家庭更多的教育费用，不仅需要支付残疾学生的部分教育费用，还需要承担更多的生活、交通、医疗、康复等费用。第四，特殊教育教师责任重、待遇低，特别是中西部地区特殊教育教师数量严重不足。第五，残疾儿童在普通学校就读亟须扶持，不仅随班就读的质量有待提高，而且在普通学校就读的残疾学生人数也有持续下降的趋势。第六，中西部地区特殊教育学校的教学、康复训练设施短缺，一些省份的特殊教育学校危房面积仍然不小。

发达国家和地区特殊教育的发展经验可以为我们提供有益的借鉴。许多发达国家和地区优先发展特殊教育，即国家和政府为残疾儿童少年提供的公共教育年限、人均财政经费投入等优于本国普通儿童少年。第一，国家以法律的形式确立残疾儿童少年教育公共服务的性质，立法保障各级政府承担残疾儿童少年教育的不同责任，并秉承"弱势群体资源优先配备"原则。第二，实施普通教育改革以促进残疾儿童少年享有在普通学校与普通儿童少年一样的学习机会。第三，实行中央政府和地方政府分担特殊教育经费的财政制度，并逐步提高特殊教育财政投入占教育经费财政投入的比例。第四，逐渐增加接受政府提供的特殊教育公共服务的残疾儿童少年类别，由残疾人群体逐步扩展到有特殊教育需求的群体，使享受国家财政服务的儿童少年人数增加。第五，为服务于残疾人群体的特殊教育教师或专业人士提供教育培训、特殊津贴等。

针对我国特殊教育发展现状和国际特殊教育发展趋势，建议在国家教育发展大局中，优先发展特殊教育；在特殊教育发展中，优先发展融合教育，即优先支持残疾儿童少年普通教育形式。具体建议：第一，实施特殊教育资源中心的建设项目，"消灭"特殊教育资源空白县。第二，在继续支持中西部地区特殊教育发展的同时，加大对中部落后地区的支持力度，逐步解决中部地区特殊教育"凹陷"问题。第三，在重点解决适龄视力残疾、听力残疾及智力残疾儿童的入学问题的基础上，逐步提高孤独症、脑瘫及多重残疾等适龄残疾儿童的受教育机会。第四，增加特殊教育教师的特殊教育津贴比例，努力提高特殊教育教师职业吸引力。第五，尽快出台推动全纳教育发展的政策，以便从体制、机制上解决残疾儿童随班就读质量不高的问题。第六，大力提高各级政府的特殊教育财政投入，分阶段推行特殊教育全部免费优惠政策，解决残疾人家庭教育负担偏重的困难。

第一章

中国特殊教育事业发展状况

  本章主要分两部分。第一部分主要考察全国残疾儿童少年基础教育发展状况。在《中国特殊教育发展报告2012》中，课题组主要基于《中国教育统计年鉴》《中国教育经费统计年鉴》《中国残疾人事业统计年鉴》的相关统计指标，依据2001年至2010年的数据，对我国大陆地区的特殊教育事业发展现状进行了整体分析。考虑到报告的延续性、数据的可得性和指标的一致性，本报告第一部分以2010年至2012年近三年的数据为主，考察残疾儿童少年的入学状况，以及特殊教育学校、特殊教育教师的总体发展状况。此外，鉴于2012年度的教育经费数据尚未正式公布，如果只分析2010—2011年的经费数据，无法呈现近年教育经费发展的阶段特点，因此本部分以2007年至2011年近五年的数据为主，考察特殊教育学校教育经费的总体发展状况。实践中，一些特殊教育学校除开展义务教育之外，还开展了学前及高中阶段的教育，但相关年鉴中特殊教育学校、特殊教育学校教师及特殊教育学校经费数据没有进行分阶段统计，所以本部分不再细分各阶段的教育，而是进行整体分析。

  第二部分主要考察全国残疾人高等特殊教育发展状况。鉴于《中国残疾人事业统计年鉴》中的相关统计指标较少，仅有录取人数分布、高等特殊教育学院机构数量，所以本部分重点利用可得指标，适当结合有关研究资料进行分析。《中国特殊教育发展报告2012》没有分析残疾人高等特殊教育发展状况，所以本部分年度数据不局限于近三年的，而是依据数据可得和指标统一原则获取数据。鉴于 2006 年后的指标相对完善，本部分选取 2006 年至 2012 年的数据来分析残疾人高等教育录取状况。此外，由于 2010 年及以前残疾人高等特殊教育机构的数量在年鉴中缺乏统计，本章只分析 2011 年至 2012 年的状况。

一、残疾儿童少年基础教育发展状况

（一）特殊教育学校发展规模不断扩大

1. 在校残疾学生人数有下降趋势

（1）残疾儿童少年在校生人数呈现下降趋势

从数量来看，近三年残疾儿童少年在校生人数有所下降。图 1-1 显示，2010 年至 2012 年，残疾儿童少年在校生总数由 42.56 万人下降到 37.88 万人，减少了 4.68 万人，降幅为 11.00%。2010 年至 2012 年，普通小学在校生人数由 9940.70 万人减少至 9695.90 万人，减少了 244.80 万人，降幅为 2.46%。残疾儿童少年在校生人数减少与普通小学在校生人数减少的趋势是一致的，但降幅高于普通小学。可以说，2010 年至 2012 年残疾学生在校生人数减少与适龄人口总数减少有关系。此外，我们也不排除统计残疾儿童少年的指标有误差，尤其是在普通学校就读的残疾儿童可能没有完全统计。

（万人）	2010	2011	2012
普通小学在校生人数	9940.70	9926.37	9695.90
残疾儿童少年在校生人数	42.56	39.87	37.88

图 1-1　2010—2012 年普通小学在校生人数和残疾儿童少年在校生人数

（2）在校生中智力残疾占五成，听力残疾占二成多

从残疾学生类别分布来看，近三年各类别残疾儿童少年占在校生总数的比例变化不大。具体看，2012 年残疾儿童少年在校生总数为 37.88 万人，智力残疾人数最多（18.67 万），占 49%；听力残疾人数（10.11 万）排第二，占 27%；其他残疾人数（5.01 万）排第三，占 13%；视力残疾人数最少（4.09 万），占 11%（图 1-2、图 1-3）。

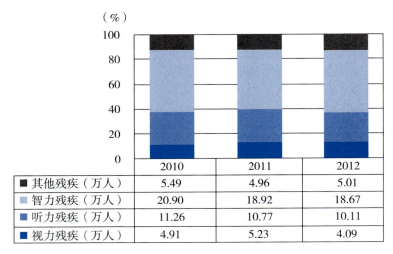

（%）	2010	2011	2012
■ 其他残疾（万人）	5.49	4.96	5.01
■ 智力残疾（万人）	20.90	18.92	18.67
■ 听力残疾（万人）	11.26	10.77	10.11
■ 视力残疾（万人）	4.91	5.23	4.09

图 1-2　2010—2012 年残疾学生类别分布

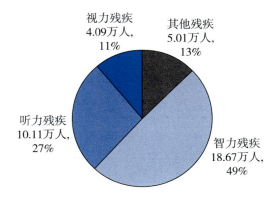

图 1-3　2012 年残疾学生类别分布

（3）残疾儿童少年在校生七成分布于小学阶段

近三年残疾儿童少年在校生数量整体减少，从各阶段来看，残疾儿童少年在小学、初中阶段的人数均呈下降趋势，而高中阶段人数有增长趋势。其中，与2010年相比，2012年小学阶段残疾学生在校生人数减少了3.23万，初中阶段残疾学生在校生人数减少了1.54万，而高中阶段残疾学生在校生人数增加了0.09万。2012年，各类残疾在校生中，71%在小学阶段（26.85万人），26%在初中阶段（9.98万人），3%在高中阶段（1.05万人），即七成残疾学生分布于小学阶段（图1-4）。

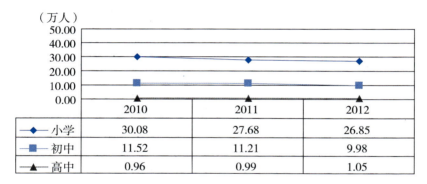

图1-4　2010—2012年小学、初中、高中阶段残疾儿童少年在校生人数分布

（4）小升初与初三升初四两个阶段残疾儿童少年在校生人数明显下滑

2010年至2012年，各年级残疾学生在校生人数有所不同，其中，小升初与初三升初四两个阶段残疾学生在校生人数有下滑趋势，而且，初三升初四阶段残疾学生在校生人数下滑趋势明显。这一数据间接反映出国家保障初中阶段残疾学生义务教育的任务艰巨（图1-5）。

从残疾学生类别的具体情况来看，以2012年为例，智力残疾小学生升入初中的人数下滑趋势明显高于其他类别，小学六年级智力残疾学生在校生人数为2万余人，而初中一年级智力残疾学生在校生人数降至1万余人，降幅为41%。进一步分析，小学阶段智力残疾毕业生中，可能有一部分失去了接受初中阶段义务教育的机会，也可能有一部分留级，具体情况尚待进一步研究（图1-6）。

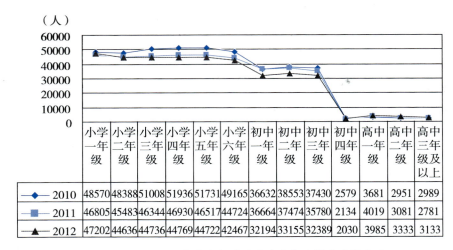

（人）

	小学一年级	小学二年级	小学三年级	小学四年级	小学五年级	小学六年级	初中一年级	初中二年级	初中三年级	初中四年级	高中一年级	高中二年级	高中三年级及以上
2010	48570	48388	51008	51936	51731	49165	36632	38553	37430	2579	3681	2951	2989
2011	46805	45483	46344	46930	46517	44724	36664	37474	35780	2134	4019	3081	2781
2012	47202	44636	44736	44769	44722	42467	32194	33155	32389	2030	3985	3333	3133

图 1-5　**2010—2012 年各年级残疾儿童少年在校生人数分布**

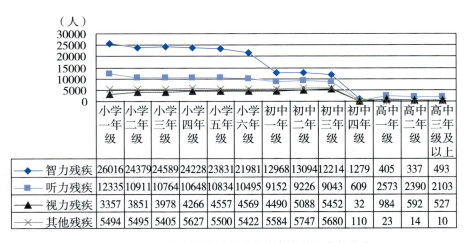

（人）

	小学一年级	小学二年级	小学三年级	小学四年级	小学五年级	小学六年级	初中一年级	初中二年级	初中三年级	初中四年级	高中一年级	高中二年级	高中三年级及以上
智力残疾	26016	24379	24589	24228	23831	21981	12968	13094	12214	1279	405	337	493
听力残疾	12335	10911	10764	10648	10834	10495	9152	9226	9043	609	2573	2390	2103
视力残疾	3357	3851	3978	4266	4557	4569	4490	5088	5452	32	984	592	527
其他残疾	5494	5495	5405	5627	5500	5422	5584	5747	5680	110	23	14	10

图 1-6　**2012 年各类别残疾儿童少年在校生人数分布**

（5）镇区和城区残疾儿童少年在校生各占四成左右

从残疾儿童少年在校生的城乡分布来看，图 1-7 显示，2012 年有 21%
的残疾儿童（8.16 万人）分布于乡村，38%的残疾儿童（14.30 万人）分
布于镇区，41%的残疾儿童（15.42 万人）分布于城区。可以说，义务教
育阶段残疾儿童少年在校生近八成分布于镇区和城区，两成多在乡村，这

一分布与我国城镇化进程相关。残疾儿童少年在校生的城乡分布与 2011 年相比，城区、镇区的学生人数略有增加，乡村的学生人数有所减少。2011年，残疾儿童少年在校生分布于城区的有 15.46 万人，分布于镇区的有15.06 万人，分布于乡村的有 9.35 万人。

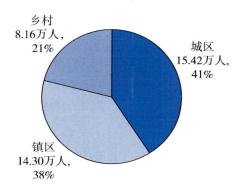

乡村
8.16万人，
21%

城区
15.42万人，
41%

镇区
14.30万人，
38%

图 1-7 **2012 年城乡残疾儿童少年在校生人数分布①**

（6）随班就读在校生占五成多

从残疾儿童少年在校生的安置形式来看，2012 年在特殊教育学校就读的残疾学生人数约为 17.90 万人，占 47%，在普通中小学随班就读的残疾学生人数约为 19.65 万人，占 52%，普通中小学附设特教班在校生人数为 3253 人，占 1%。可以说，当前，以特殊教育学校为骨干、普通学校随班就读为主体、其他形式为补充的残疾儿童少年教育格局基本稳定（图 1-8）。

但是与 2001 年以来的数据相比，残疾儿童少年在普通学校随班就读的人数比例有下降趋势。2001—2010 年，残疾儿童少年在普通学校随班就读的人数比例基本稳定在 60% 以上，2011 年该比例为 56%，2012 年该比例为 53%。这一组数据提示我们：必须加强对随班就读工作的支持力度。

---

① 2011 年以后，《中国教育统计年鉴》中的指标城市、县镇和农村分别改为城区（包括城乡接合区）、镇区（包括镇乡接合区）和乡村，统计口径不同，不便于比较，在此仅分析近两年的变化。

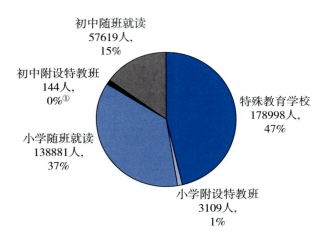

图 1-8　2012 年不同安置形式下残疾儿童少年在校生人数分布

2. 未入学适龄残疾儿童少年人数逐步减少

历年《中国残疾人事业发展统计公报》数据显示，2010 年全国有未入学适龄残疾儿童少年 14.48 万人，2011 年全国有未入学适龄残疾儿童少年 12.65 万人，2012 年未入学人数降至 9.10 万人，比 2010 年减少了 5.38 万人。可见，随着特殊教育学校建设力度加大及送教上门等措施的加强，近年来未入学适龄残疾儿童少年逐步减少。

具体来看，2012 年全国有未入学适龄残疾儿童少年 9.10 万人，其中，视力残疾儿童少年 0.57 万人，听力残疾儿童少年 0.58 万人，言语残疾儿童少年 0.56 万人，智力残疾儿童少年 2.82 万人，肢体残疾儿童少年 2.86 万人，精神残疾儿童少年 0.35 万人，多重残疾儿童少年 1.36 万人。可见，未入学适龄残疾儿童少年中，智力残疾和肢体残疾儿童少年占比较大，比例合计超过六成（图 1-9）。

---

①　由于残疾儿童少年在校生总数过大，在计算百分比并保留整数数位后，初中附设特教班的 144 人占总数比例约为 0%。

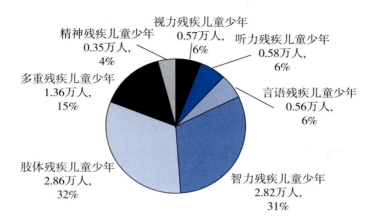

图 1-9　2012 年全国未入学适龄残疾儿童少年类别分布

3. 特殊教育学校数量与办学条件均有提升

（1）学校数量增加，综合性特殊教育学校占五成

表 1-1 显示，从特殊教育学校数量来看，2010—2012 年特殊教育学校数量不断增加，由 2010 年的 1706 所增加到 2012 年的 1853 所，净增 147 所，其中，2012 年比 2011 年增加了 86 所。从特殊教育学校类别来看，与 2010 年相比，2012 年盲校减少了 1 所，聋校减少了 22 所，培智学校增加了 12 所，综合性特殊教育学校增加了 158 所。从类别占比来看，2012 年综合性特殊教育学校占 51%，聋校占 25%，培智学校占 22%，盲校占 2%。可以说，随着《"十一五"期间中西部地区特殊教育学校建设规划（2008—2010 年）》（教育部、国家发展改革委印发）及其他政策的落实，特殊教育学校建设力度不断加强，特殊教育学校数量增长明显，新建学校以综合性特殊教育学校为主。

表 1-1　2010—2012 年特殊教育学校数量及类别分布

年份	盲校数量（所）及占比	聋校数量（所）及占比	培智学校数量（所）及占比	综合性特殊教育学校数量（所）及占比	合计
2010	33（2%）	478（28%）	396（23%）	799（47%）	1706（100%）

续表

年份	盲校数量（所）及占比	聋校数量（所）及占比	培智学校数量（所）及占比	综合性特殊教育学校数量（所）及占比	合计
2011	32（2%）	452（26%）	391（22%）	892（50%）	1767（100%）
2012	32（2%）	456（25%）	408（22%）	957（51%）	1853（100%）

从特殊教育学校城乡分布来看，城区（含主城区、城乡接合区）特殊教育学校占比为50%，镇区（含镇中心区、镇乡接合区、特殊区域）特殊教育学校占比为45%，乡村（含乡中心区、村庄）特殊教育学校占比为5%（图1-10）。

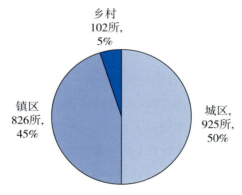

图1-10 2012年特殊教育学校城乡分布

（2）学校办学条件进一步改善

《中国特殊教育发展报告2012》数据显示，2003年以来，特殊教育学校占地面积和校舍建筑面积均不断增长。① 从2012年的数据来看，随着特殊教育学校校舍建设工程的进一步落实，特殊教育学校占地面积、校舍建筑面积、专用教室面积均比上一年有所增长，同时，危房面积进一步减少（图1-11）。

---

① 彭霞光，等，2013. 中国特殊教育发展报告2012［M］. 北京：教育科学出版社：62.

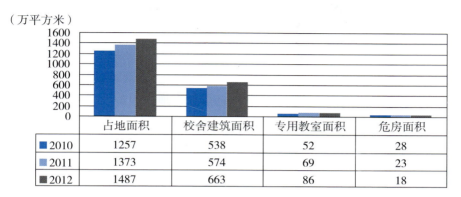

（万平方米）

	占地面积	校舍建筑面积	专用教室面积	危房面积
2010	1257	538	52	28
2011	1373	574	69	23
2012	1487	663	86	18

图 1-11　2010—2012 年特殊教育学校办学用地

从特殊教育学校校均校舍建筑面积来看，2012 年特殊教育学校校均校舍建筑面积为 3578 平方米，与上一年相比，净增 327 平方米（图 1-12）。

（平方米）

	2010	2011	2012
特殊教育学校校均校舍建筑面积	3152	3251	3578

图 1-12　2010—2012 年特殊教育学校校均校舍建筑面积①

从特殊教育学校生均校舍建筑面积来看，《中国特殊教育发展报告 2012》数据显示，2003 年至 2010 年间，特殊教育学校生均校舍建筑面积平均值为 30.39 平方米。图 1-13 显示，与上一年相比，2012 年特殊教育学校生均校舍建筑面积有较大提高，增加了 4.97 平方米。图 1-14 显示，与普通小学和初中相比，2012 年特殊教育学校生均校舍建筑面积分别是普

___

① 办学条件部分的校均、生均面积由研究者根据原始数据计算。计算特殊教育学校的生均面积时，在校生数是指特殊教育学校全体在校生数，含高中在校生数。

通小学、初中生均校舍建筑面积的 6.10 倍和 3.70 倍，特殊教育学校生均运动场地占地面积分别是普通小学、初中生均运动场地占地面积的 2.76 倍和 2.27 倍。由于特殊学生有身心缺陷，为满足特殊学生的康复需求，各类特殊教育学校需要比普通学校更多的专用教室、运动及康复场地，目前，特殊教育学校生均校舍建筑面积和运动场地占地面积均大于普通学校，符合特殊教育的实际情况。

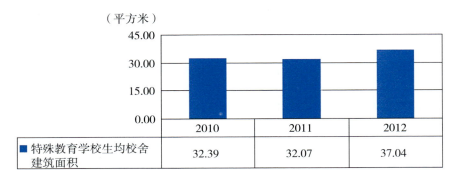

（平方米）

	2010	2011	2012
■ 特殊教育学校生均校舍建筑面积	32.39	32.07	37.04

图 1-13　2010—2012 年特殊教育学校生均校舍建筑面积

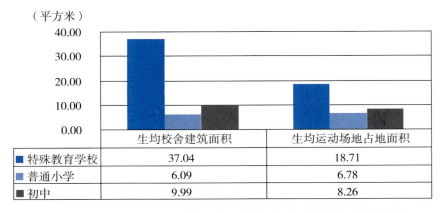

（平方米）

	生均校舍建筑面积	生均运动场地占地面积
■ 特殊教育学校	37.04	18.71
■ 普通小学	6.09	6.78
■ 初中	9.99	8.26

图 1-14　2012 年特殊教育学校、普通小学、初中生均校舍建筑面积与生均运动场地占地面积比较①

———————

①　初中含初级中学、九年一贯制学校和职业初中。

总体来看，特殊教育学校建筑面积尤其是专用教室面积和运动场地占地面积的增加为特殊教育学校质量的提升提供了扎实的硬件基础。在国家《特殊教育学校建设标准（建标 156-2011）》基础上，各地区实际情况会有所不同。例如，2013 年 7 月，北京市教委等 10 部门研究制定的《北京市特殊教育学校办学条件标准》（以下简称《标准》）就规定了培智学校和盲校 16 个专业教室和聋校 14 个专用教室的名称，并指出新建、改建学校应达到《标准》要求。文件规定，北京市培智学校专用教室包括：语言治疗室、康复训练室、音乐教室（音乐活动室）、美工教室、感统训练室、家政教室、劳技教室、计算机教室、物理治疗室、职业治疗室、心理咨询室、教具辅具室、游戏活动室、多感官功能教室、律动教室、个训室等；盲校专用教室包括：音乐教室（音乐活动室）、视功能训练室、感统训练室、教具辅具室、律动舞蹈室、器乐室、家政教室、劳技教室、计算机教室、各学科实验室、琴房、康复训练室、心理咨询室、定向行走训练室、美工教室、游戏活动室等；聋校专用教室包括：个别训练室、听力检测室、言语评估室、律动教室、美术教室、美工教室、家政教室、职劳教室、计算机教室、各学科实验室、心理咨询室、感统训练室、模型教室、教具辅具室等。[①]随着国家《特殊教育学校建设标准（建标 156-2011）》及各地标准的具体落实，未来特殊教育学校的专用教室面积还将会进一步增加。

4. 发展建议

当前，残疾儿童少年义务教育阶段面临的突出问题是如何保障所有适龄残疾儿童少年接受义务教育。各地特殊教育发展不均衡，2012 年全国未入学适龄残疾儿童少年总数为 9.1 万人，主要分布在中西部地区。从特殊教育学校来说，各地学校分布不均，总量尚不能满足残疾儿童少年的需要。同时，还要看到，全国六年级以后残疾学生在校生人数明显下降，普及初中阶段残疾少年的义务教育任重道远。解决上述问题的最好办法就是随班就读与特殊教育学校建设两手抓。

[①] 北京市教育委员会，等，2013. 关于印发北京市特殊教育学校办学条件标准的通知［EB/OL］.（2013-07-31）［2013-08-15］. http：//www. bjedu. gov. cn/publish/portal0/tab67/info28328. htm.

（1）扩大随班就读规模，提高随班就读质量

当前，各地随班就读工作发展状况并不均衡。我们建议，因地制宜，扩大随班就读规模，提高随班就读质量，更好地保障各地区残疾儿童少年接受义务教育。就国家层面而言，一要加强宣传已有随班就读政策，营造融合教育的社会氛围；二要落实残疾儿童随班就读财政经费支持；三要全面建设随班就读支持保障体系；四要支持开展随班就读教育教学研究；五要将随班就读纳入督导评估体系。就地区层面而言，农村和中西部等经济欠发达地区，一要采取措施使更多的中小学校、更多的普通班级就近接收具有接受普通教育能力的残疾儿童少年，提高残疾儿童义务教育入学率；二要确保各区县至少建好一个特殊教育资源中心或随班就读资源教室，对区域内普通学校开展随班就读提供指导与资源支持；三要加强与东部经济较发达地区随班就读学校的交流。就城市和东部经济发达地区而言，一要继续提升适龄残疾儿童的入学率；二要将重点放在降低六年级之后残疾儿童的辍学率、全面普及九年义务教育之上，积极推进初中学校落实国家随班就读政策，使更多的残疾儿童能接受初中阶段义务教育；三要积极引领融合教育课程与教学改革，探索随班就读支持保障体系建设，提高随班就读质量，让每一个有特殊教育需要的孩子都能接受适合的优质教育。

（2）加强特殊教育学校建设进程，提高特殊教育学校办学条件

为进一步解决 9.1 万适龄残疾儿童少年未入学的问题，一方面，要加强随班就读工作，另一方面，要严格按照国家出台的政策建设特殊教育学校，使更多的中重度残疾儿童有学可上。另外，数据显示，全国特殊教育学校办学条件不一，中西部地区的许多特殊教育学校存在一定面积的危房。面对上述问题，2010—2011 年，中央共安排 41 亿元，支持中西部地区新建、改扩建特殊教育学校 1001 所。[1] 同时，教育部组织编制的《特殊教育学校建设标准（建标 156-2011）》已由住房和城乡建设部、国家发展和改革委员会批准发布，自 2012 年 1 月 1 日起施行。《特殊教育提升计

---

[1] 新华网，2012. 中国明确特殊教育学校建设标准［EB/OL］.（2012-01-25）［2012-08-12］. http://news.xinhuanet.com/edu/2012-01/25/c_111461119.htm.

划（2014—2016 年）》提出，国家将继续实施特殊教育学校建设项目和改善特殊教育办学条件项目，建议各地要严格按照规划进程加大特殊教育学校建设力度，有序推进特殊教育学校建设，逐步改善特殊教育学校办学条件，已建好的特殊教育学校要积极开展招生及特殊教育教师培训工作，为更多残疾儿童少年接受教育提供切实保障。

（二）特殊教育学校教师队伍素质不断提升

1. 特殊教育教师数量增加、素质提升

（1）特殊教育学校教师队伍壮大，生师比为 4.10∶1

从数量来看，近年来特殊教育教师队伍数量呈增长趋势。图 1-15 显示，2012 年教职工人数为 5.36 万，专任教师人数为 4.37 万，均比上一年增长了 0.24 万。教师队伍的壮大为特殊教育的进一步发展提供了师资保障。从生师比来看，2012 年特殊教育学校在校生数为 17.90 万，特殊教育学校专任教师数为 4.37 万，生师比为 4.10∶1，与 2011 年的 4.20∶1 相比，有所改善。

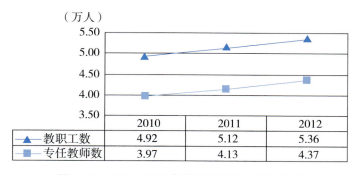

（万人）

	2010	2011	2012
▲ 教职工数	4.92	5.12	5.36
■ 专任教师数	3.97	4.13	4.37

图 1-15　2010—2012 年特殊教育学校教师数量

（2）专任教师中受过特殊教育专业培训的教师比例增加

由于我国目前尚未实行特殊教育教师资格证书制度，通过开展特殊教育教师专业培训可以弥补教师特殊教育专业知识与能力的不足。近几年，随着"国培计划"等培训项目的实施，受过特殊教育专业培训的教师数占专任教师总数的比例均超过五成。与 2011 年相比，2012 年受过特殊教育专业培训的教师数占专任教师总数的比例增长了 3 个百分点。2012 年，特

殊教育学校专任教师共有 4.37 万人，其中受过特殊教育专业培训的教师达 2.55 万人，占专任教师人数的 58%（图 1-16）。

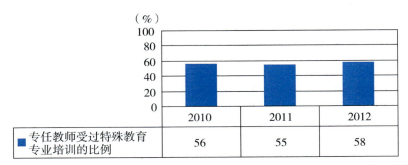

图 1-16 **2010—2012 年特殊教育学校专任教师受过特殊教育专业培训的比例**①

在接受过特殊教育专业培训的教师队伍中，就学历而言，2012 年，研究生毕业的教师接受过专业培训的比例最高，达 67%；本科毕业的教师接受过专业培训的比例排在第二位，达 62%；专科毕业的教师接受过专业培训的比例排在第三位，达 55%。相对而言，学历越高，接受特殊教育专业培训的机会越多（图 1-17）。

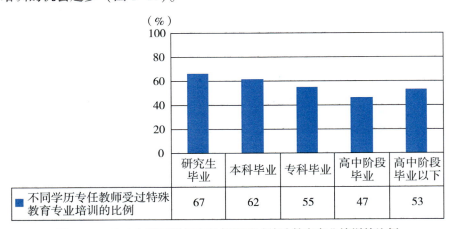

图 1-17 **2012 年不同学历专任教师受过特殊教育专业培训的比例**

① 教育部网站发布的 2012 年"特殊教育学校专任教师学历、职称情况"显示，2012 年受过专业培训的教师人数为 20388 人，实际以"职称"一栏计算，表格中的统计数据求和结果为 25457 人，若按照"学历"一栏计算，表格中的统计数据求和结果为 25482 人，即 20388 人这一数据有误。本图按受过专业培训的教师人数 25457 人进行计算。

在接受过特殊教育专业培训的教师队伍中，就职称而言，2012 年，小学三级职称的教师接受过特殊教育专业培训的比例最高，达 79%；小学二级和小学一级职称的教师接受过特殊教育专业培训的比例依次排在第二位和第三位，分别是 62% 和 61%；小学高级职称和未评职称的教师接受过特殊教育专业培训的比例排在第四位，均达到了 58%。相对而言，中学高级职称教师接受过特殊教育专业培训的比例略低（图 1-18）。

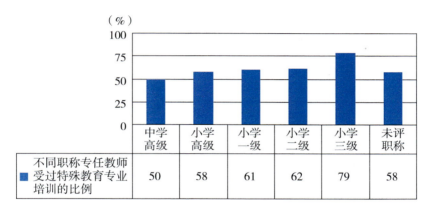

（%）

	中学高级	小学高级	小学一级	小学二级	小学三级	未评职称
■ 不同职称专任教师受过特殊教育专业培训的比例	50	58	61	62	79	58

图 1-18　**2012 年不同职称专任教师受过特殊教育专业培训的比例**

（3）专任教师学历不断提升，本科学历以上教师数量过半

从 2010—2012 年的数据看，特殊教育教师队伍整体学历水平不断提高。图 1-19 显示，与 2010 年相比，2012 年特殊教育教师中研究生学历的教师比例提升了 0.39 个百分点，本科学历的教师比例提升了 7.37 个百分点，专科学历的教师比例减少了 3.99 个百分点，高中阶段毕业学历的教师比例减少了 3.64 个百分点，高中阶段毕业以下学历的教师比例减少了 0.12 个百分点。2012 年本专科以上学历特殊教育教师合计比例为 93.29%，比上一年提升了 1.72 个百分点。2011 年发布的《教育部关于大力加强中小学教师培训工作的意见》指出，到 2012 年，小学教师学历逐步达到专科以上水平，初中教师基本具备大学本科以上学历，高中教师中具有研究

生学历的比例有明显提高。① 就特殊教育教师队伍来说，目前的教师学历状况接近国家的要求。

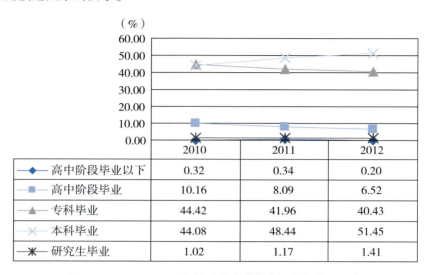

（%）	2010	2011	2012
◆ 高中阶段毕业以下	0.32	0.34	0.20
■ 高中阶段毕业	10.16	8.09	6.52
▲ 专科毕业	44.42	41.96	40.43
✕ 本科毕业	44.08	48.44	51.45
✳ 研究生毕业	1.02	1.17	1.41

图 1-19　2010—2012 年特殊教育学校专任教师学历分布

（4）教师职称结构有所改善，中级以上职称教师接近六成

教师素质的提高一方面可以从学历水平反映出来，另一个方面可以从职称结构的改善反映出来。例如，2010—2012 年，特殊教育学校专任教师中，除小学三级职称有所减少外，其他职称人数均在增长。不过，就高级职称人数比例而言，2012 年特殊教育教师小学高级和中学高级职称比例合计为 58%，比 2010 年和 2011 年都低了 1 个百分点。此外，未评职称人数达到 3880 人，占 9%，高于 2010 年和 2011 年未评职称人数比例（两年均为 7%）2 个百分点。新入职教师的职称问题值得关注（图 1-20、图 1-21）。

---

① 教育部，2011. 教育部关于大力加强中小学教师培训工作的意见 [EB/OL]. （2011-01-06）[2012-07-13]. http：// www. edu. cn/pei_ yang_810/20110106/t20110106_567181. shtml.

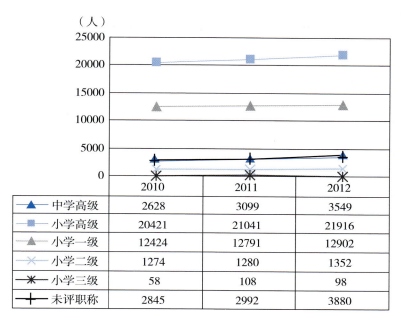

（人）

	2010	2011	2012
▲ 中学高级	2628	3099	3549
■ 小学高级	20421	21041	21916
▲ 小学一级	12424	12791	12902
✕ 小学二级	1274	1280	1352
✳ 小学三级	58	108	98
✚ 未评职称	2845	2992	3880

图 1-20　**2010—2012 年特殊教育学校专任教师职称分布**

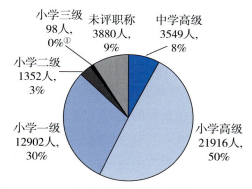

图 1-21　**2012 年特殊教育学校专任教师职称分布**

2. 教师变动人数占专任教师数比例增加

（1）2012 年教师变动人数占专任教师数的比例为 17.41%

特殊教育事业的深入发展离不开稳定的师资队伍。2012 年教师变动人

---

①　由于特殊教育学校专任教师总数过大，在计算百分比并保留整数数位后，小学三级职称 98 人占总数比例约为 0%。

数（即增加与减少的专任教师）合计占上学年初报表专任教师数的比例为 17.41%，比上年略有下降，但高出 2010 年约 2 个百分点（表 1-2）。特殊教育教师的变动问题仍然不容忽视。

表 1-2　2010—2012 年特殊教育学校专任教师变动人数及
占上学年初报表专任教师数的比例①

年份	上学年初报表专任教师数（人）	增加教师人数及占上学年初报表专任教师数的比例		减少教师人数及占上学年初报表专任教师数的比例		增加与减少教师合计及占上学年初报表专任教师数的比例	
		增加（人）	占比（%）	减少（人）	占比（%）	合计（人）	占比（%）
2010	37927	3810	10.05	2087	5.50	5897	15.55
2011	39398	4612	11.71	2699	6.85	7311	18.56
2012	41311	4790	11.59	2404	5.82	7194	17.41

（2）2012 年"调入"的专任教师数占"增加教师"总数的 51%

近几年，专任教师数量稳步增长，2012 年增加 4790 名专任教师，减少 2404 名专任教师。从教师增加的途径来看，"调入"是主要形式，2012 年调入 2442 人（占当年增加人数的 51%）；录用毕业生 1566 人（占当年增加人数的 33%），其中，录用师范生 1139 人，比 2011 年多 204 人，占当年录用毕业生人数的 73%（图 1-22）。如果能录用大量的特殊教育专业毕业生，则能减轻特殊教育专业培训的压力；如果每年调入上千普通教育教师，必须加强特殊教育专业在职培训，否则，调入特殊教育学校的教师难以适应工作，也难以保证特殊教育的质量。

（3）2012 年"调出"的专任教师数占"减少教师"总数的 40%

从教师减少的方式来看，往年教师减少的方式按比例大小依次为：调出、自然减员、校内调整和其他形式。2012 年，调出教师 968 人（占 40%），自然减员 650 人（占 27%），校内调整 520 人（占 22%），其他形

---

① 之前的年份没有"特殊教育专任教师变动情况"这一指标；该指标将教师变动分为"增加教师"与"减少教师"两部分，"增加教师"的途径包括录用毕业生、调入、校内调整和其他等四个方面；"减少教师"的途径包括自然减员、调出、校内调整和其他等四个方面。

式减少266人（占11%）（图1-23）。提高特殊教育工作的吸引力与教师待遇、减少非自然的调出人数应成为稳定教师队伍的重要途径。

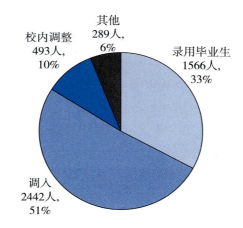

图1-22　2012年特殊教育学校专任教师增加情况

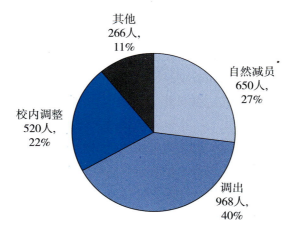

图1-23　2012年特殊教育学校专任教师减少情况

3. 发展建议

（1）加强职前培养，提高特殊教育教师队伍数量

现有特殊教育教师数量不足、专业化程度不高，达到本科学历的专任教师有四成多，但接受过专业培训的专任教师只有一半，如果不加强师资

培养与培训，将直接影响特殊教育学校的教育质量。数据显示，2012 年全国特殊教育学校师生比为 1∶4.10。随着特殊教育质量的不断提升，特殊教育学校师生比还将进一步改善。例如，《北京市特殊教育学校办学条件标准》规定，盲校教职工与学生比为 1∶2，聋校教职工与学生比为 1∶3，培智学校教职工与学生比为 1∶2.5。[①] 但面对特殊教育学校学生残疾程度加重、残疾类别增多等现状，仍需要不断增加新的师资，否则难以保障特殊教育质量，难以满足残疾儿童的教育需求。

随着特殊教育事业的进一步发展，对于特殊教育教师的需求量会更大。在"十一五"期间，国家加强了对中西部地区特殊教育学校的建设，并于中西部地区选择部分地（市、州、盟）、30 万人口以上或残疾儿童少年较多的县（市、旗）重点建设 190 所左右独立设置的综合性或单一性特殊教育学校。近年来，新增特殊教育学校数量较多。例如，2012 年全国共有特殊教育学校 1853 所，比上年新增了 86 所。随着"十一五"期间中西部地区特殊教育学校建设工程的推进，可以想象，未来几年对合格特殊教育教师的需求将会迅速增加。此外，随班就读规模的扩大，也将需要大量同时具有特殊教育和普通教育专业素质的教师，其中包括普通学校所设资源教室所需的资源教师，而现有的师资培养体系不健全，亟待继续完善。

因此，建议落实《特殊教育提升计划（2014—2016 年）》，加强特殊教育师资队伍培养与建设。一是要加强特殊教育本专科院校建设，采取有效措施鼓励各省（区、市）择优选择师范类院校和其他高校增设特殊教育专业，同时增强已有特殊教育院校的招生与培养能力；二是鼓励高校结合实际，在师范类专业中开设特殊教育选修或必修课程，培养师范生的融合教育理念和指导残疾学生随班就读的教学能力，使更多的师范生参加工作后能尽快胜任随班就读教育教学工作岗位。

（2）加强教师培训，出台特殊教育相关标准，提高教师队伍素质

前文数据显示，2012 年全国特殊教育学校共有特殊教育专任教师 4.37

[①] 北京市教育委员会，等，2013. 关于印发北京市特殊教育学校办学条件标准的通知［EB/OL］. （2013-07-31）［2013-08-15］. http：//www. bjedu. gov. cn/publish/portal0/tab67/info28328. htm.

万人，当年新增教师中，调入特殊教育学校的教师有2442人，占新增人数的51%，而他们大多缺乏特殊教师专业知识与技能。从专业培训状况看，在4.37万专任教师中，2012年接受特殊教育专业培训的教师比例只有58%，换言之，还有42%的在职特殊教育教师缺乏专业知识与技能。虽然目前的特殊教育教师培训层级较多，有国家级培训、省市级培训及校级培训等，但总体上看，培训多是针对骨干教师的。就国家级培训而言，中小学教师示范性培训项目与中西部地区农村骨干教师培训项目均以培训骨干教师为主，要求参训教师具有中级以上职务（职称），能够承担本地区特殊教育师资培训工作。例如，《"国培计划（2012）"——特殊教育骨干教师培训项目》规定，对全国1000名特殊教育骨干教师进行为期10天（60学时）的集中培训。① 培训对象是特殊教育学校的骨干教师，年龄原则上在50岁以下，能够承担本地区特殊教育师资培训工作，应具备中级以上职务。培训领域为盲教育、聋教育、培智教育。《"国培计划（2013）"——特殊教育骨干教师培训项目》将培训对象扩大到1800名②，但仍然是针对特殊教育骨干教师的。因此，我们建议，一要针对全体教师开展多层级培训；二要将随班就读教师纳入各地的教师培训计划与范围中，切实加强各层级特殊教育教师队伍的培训力度与实效，提高特殊教育教师队伍的专业知识与技能。

从特殊教育教学质量来看，特殊教育学校存在教学效果难以准确评价、教育质量难以保障的现象；随班就读课堂存在随班就"坐"与随班就"混"的现象，许多随班就读儿童的教育质量同样难以评估与保障。教育质量的高低与师资水平关系密切，但同时也与国家的质量标准缺乏、监管不力有很大关系。因此，建议出台系列特殊教育标准，如各类特殊教育教师标准（特殊教育学校教师标准、随班就读教师标准、资源教师标准等）、特殊教育学校质量评估标准、随班就读质量评估标准等。唯有建立科学的标准体系，才有利于各地各部门各司其职，加强对特殊教育的监督与管理。

---

① 教育部，2012. "国培计划（2012）"——特殊教育骨干教师培训项目［EB/OL］.（2012-09-04）［2014-08-06］. http：//www. gpjh. cn/cms/xmjjjzpx/1379. htm.

② 教育部，2013. "国培计划（2013）"——特殊教育骨干教师培训项目［EB/OL］.（2013-05-05）［2014-08-06］. http：//www. gpjh. cn/cms/xmjjjzpx/1522. htm.

（三）特殊教育学校经费总量不断增长

1. 特殊教育学校经费来源与财政性教育经费投入状况

（1）财政性经费是特殊教育学校经费来源主体

特殊教育经费来源（也可以称为"特殊教育经费投入"）主要有：国家财政性教育经费（其中以公共财政预算经费为主）、社会团体和公民个人办学经费、社会捐资经费、事业收入及其他收入。特殊教育学校的经费收入主体来源是国家财政性教育经费。[1] 2007 年以来，国家财政性教育经费占特殊教育学校经费收入合计的比例不断增长，2011 年比例为 97.04%。在国家财政性教育经费中，公共财政预算教育经费是核心来源，2011 年公共财政预算教育经费占特殊教育学校经费收入合计的比例达到了 82.69%。在特殊教育学校教育经费收入中，社会团体和公民个人办学经费、社会捐资经费、事业收入及其他收入所占比重非常小，近年呈现减少趋势（表 1-3）。

表 1-3　2007—2011 年特殊教育学校经费收入来源及占特殊教育学校经费收入合计的比例[2]

年份	a、b、c、d、e 合计	a. 国家财政性教育经费及占比		国家财政性教育经费中的公共财政预算教育经费及占比		b. 社会团体和公民个人办学经费及占比		c. 社会捐资经费及占比		d. 事业收入及占比		e. 其他收入及占比	
	亿元	亿元	%	亿元	%	亿元	%	亿元	%	亿元	%	亿元	%
2007	30.14	27.92	92.63	25.30	83.94	0.004	0.01	0.37	1.24	0.98	3.25	0.86	2.87
2008	39.66	37.23	93.87	32.47	81.87	0.02	0.05	0.43	1.08	0.99	2.50	0.99	2.50
2009	46.32	43.76	94.47	39.11	84.43	0.01	0.02	0.49	1.05	0.95	2.04	1.12	2.42
2010	68.79	65.44	95.13	59.97	87.18	0.01	0.02	0.64	0.93	0.96	1.39	1.74	2.53
2011	76.16	73.91	97.04	62.98	82.69	0.02	0.02	0.51	0.67	0.71	0.93	1.02	1.34

---

[1]　国家财政性教育经费包括公共财政预算教育经费，各级政府征收用于教育的税费，企业办学中的企业拨款，校办产业和社会服务收入用于教育的经费，其他属于国家财政性教育经费。公共财政预算教育经费指中央、地方各级财政或上级主管部门在本年度内安排，并划拨到各级各类学校、教育行政单位、教育事业单位，列入国家预算支出科目的教育经费。该定义来源于《中国教育经费统计年鉴 2011》附录页。

[2]　数据来源于 2007—2012 年《中国教育经费统计年鉴》中的"全国各级各类教育机构经费收入情况"；2010 年将"财政预算内教育经费"指标改为"公共财政预算教育经费"，指标定义没变。

（2）特殊教育学校国家财政性教育经费投入不断增长

在此，重点考察特殊教育学校国家财政性教育经费占国内生产总值的比重、占全国财政支出的比重以及占全国各级各类教育机构教育经费合计支出的比重。

2011年，特殊教育学校国家财政性教育经费73.91亿元，比上年增加8.47亿元；特殊教育学校公共财政预算教育经费62.98亿元，比上年增加3.01亿元。

2007—2010年，特殊教育学校国家财政性教育经费占国内生产总值及全国财政支出的比重总体增长，2010年达到了最高值，但2011年有所下降。具体看，2007—2011年，特殊教育学校教育国家财政性教育经费占国内生产总值的比重为0.11‰—0.17‰，2011年占比为0.15‰，比上年略有下降；2007—2011年，特殊教育学校国家财政性教育经费占全国财政支出的比重为0.56‰—0.73‰，2011年占比为0.68‰，比上年略有下降（表1-4）。

表1-4　2007—2011年特殊教育学校国家财政性教育经费投入情况①

年份	国内生产总值（亿元）	全国财政支出（亿元）	特殊教育学校国家财政性教育经费（亿元）	特殊教育学校国家财政性教育经费中的公共财政预算教育经费（亿元）	特殊教育学校国家财政性教育经费占国内生产总值的比重（‰）	特殊教育学校国家财政性教育经费占全国财政支出的比重（‰）
2007	265810.3	49781.4	27.92	25.30	0.11	0.56
2008	314045.4	62592.7	37.23	32.47	0.13	0.60
2009	340902.8	76299.9	43.76	39.11	0.13	0.57
2010	401202.0	89874.2	65.44	59.97	0.17	0.73
2011	484123.5	109247.8	73.91	62.98	0.15	0.68

① 表中"国家财政性教育经费"和"公共财政预算教育经费"数据来源于2007—2011年《中国教育经费统计年鉴》中的"全国各级各类教育机构教育经费收入情况"；2007—2010年"国内生产总值"和"全国财政支出"数据来源于国家统计局主编的《中国统计年鉴2011》，2011年"国内生产总值"和"全国财政支出"数据来源于国家统计局网站。

从占教育总经费支出的比例来看，2007—2011 年，特殊教育学校教育经费支出占全国教育各级各类教育机构经费支出合计（即当年全国教育总经费支出）的比例为 0.25%—0.36%。2007 年至 2010 年的占比逐步提高，2011 年的占比为 0.32%，比上年有所下降（图 1-24）。2010 年特殊教育学校经费支出①比例最大，这与当年特殊教育学校改扩建所用的基本建设支出增加关系密切，2010 年基本建设支出为 10.70 亿元，为历史最高值，2011 年基本建设支出为 6.99 亿元，比上年减少 3.71 亿元。

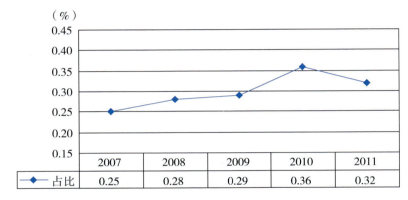

（％）

	2007	2008	2009	2010	2011
占比	0.25	0.28	0.29	0.36	0.32

图 1-24　**2001—2011 年特殊教育学校教育经费支出占全国各级各类教育机构教育经费支出合计的比例②**

（3）特殊教育学校生均教育经费支出和生均预算内教育经费支出不断增长

近年来，特殊教育学校生均教育经费支出和生均预算内教育经费支出均不断增长。具体来看，特殊教育学校生均教育经费支出由 2007 年的

---

①　教育经费支出分为"事业性经费支出"和"基本建设支出"两部分，事业性经费支出分为"个人部分支出"和"公用部分支出"两部分。基本建设支出反映各级发展和改革部门集中安排用于学校购置固定资产、土地和无形资产，以及购建基础设施、大型修缮所发生的支出以及与之配套完成上述项目的非财政预算内资金支出，不包括财政预算内配套资金。该定义来源于《中国教育经费统计年鉴 2011》附录页。

②　数据来源于 2008—2012 年《中国教育经费统计年鉴》中的"全国各级各类教育机构教育经费支出明细"；比例=特殊教育学校教育经费支出/全国教育各级各类教育机构经费支出合计。

1.83 万元增长到 2011 年的 4.23 万元，净增 2.40 万元。特殊教育学校生均预算内教育经费支出由 2007 年的 1.43 万元增长到 2011 年的 3.35 万元，净增 1.92 万元（图 1-25）。

将历年特殊教育学校生均教育经费支出和生均预算内教育经费支出与我国人均国内生产总值相比较发现，2007—2009 年，特殊教育学校生均教育经费支出数额与我国人均国内生产总值数额较为接近，2010—2011 年，特殊教育学校生均预算内教育经费支出数额与我国人均国内生产总值数额较为接近（图 1-25）。

此外，从生均公共财政预算教育经费（即预算内教育经费）支出来看，2011 年全国特殊教育学校生均公共财政预算教育经费支出为 3.35 万元，其中，生均事业费支出 2.95 万元，生均基本建设支出 0.39 万元。在 2.95 万元事业费支出中，生均个人部分为 1.94 万元，生均公用部分为 1.01 万元。2014 年发布的《特殊教育提升计划（2014—2016 年）》指出，义务教育阶段特殊教育学校生均预算内公用经费标准要在三年内达到每年 6000 元，但由于教育年鉴中的特殊教育学校没有按阶段进行经费统计，因此，"生均公用部分 1.01 万元"的数据只代表所有特殊教育学校的生均公用经费状况，反映不出义务教育阶段特殊教育学校生均预算内公用经费状况。

（万元）

	2007	2008	2009	2010	2011
生均教育经费支出	1.83	2.35	2.64	3.89	4.23
生均预算内教育经费支出	1.43	1.80	2.07	3.23	3.35
人均国内生产总值	2.03	2.39	2.60	3.06	3.60

图 1-25 2007—2011 年特殊教育学校生均教育经费支出与生均预算内教育经费支出[①]

---

① "生均教育经费支出"和"生均预算内教育经费支出"数据来源于 2008—2012 年《中国教育经费统计年鉴》中的"全国教育部门和其他部门各级学校生均教育经费支出和生均预算内教育经费支出"，"人均国内生产总值"数据来源于国家统计局网站。

2. 特殊教育学校的财政性教育经费支出结构状况

（1）2010 年及 2011 年基本建设支出比例大增

特殊教育经费支出由事业性经费支出和基本建设支出两部分构成。从事业性经费支出与基本建设支出的分布看，2007—2011 年，特殊教育学校事业性经费支出总量逐年上升，由 2007 年的 28.96 亿元增长到 2011 年的 66.82 亿元，净增 37.86 亿元。但是，特殊教育学校事业性经费支出的比例不稳定，其中，2007 年比例最高，2010 年比例最低（表 1-5、图 1-26）。

随着国家对特殊教育学校建设项目及办学条件改善项目的推进，特殊教育学校基本建设经费支出数量与比例均在加大。其中，2010 年基本建设支出最高，为 10.70 亿元，2011 年基本建设支出 6.99 亿元，比上年有所下降。从比例来看，基本建设支出比例不稳定，2010 年特殊教育学校基本建设支出占特殊教育学校教育经费支出的比例最高，为 15.94%，2011 年该项占比有所回落（表 1-5、图 1-26）。

表 1-5　2007—2011 年我国特殊教育学校教育经费支出结构分布①

年份	事业性经费支出（亿元）	事业性经费支出比例（%）	基本建设支出（亿元）	基本建设支出比例（%）
2007	28.96	98.01	0.59	1.99
2008	37.92	96.98	1.18	3.02
2009	43.21	94.64	2.45	5.36
2010	56.40	84.06	10.70	15.94
2011	66.82	90.54	6.99	9.46

---

① 数据来源于 2002—2011 年《中国教育经费统计年鉴》中的"分地区特殊教育学校教育经费支出明细"（不包括工读学校），支出比例由研究者计算。事业性经费支出比例＝（事业性经费支出/特殊教育经费支出合计）×100%；基本建设支出比例＝（基本建设支出/特殊教育经费支出合计）×100%。图 1-26 根据本表数据制作。

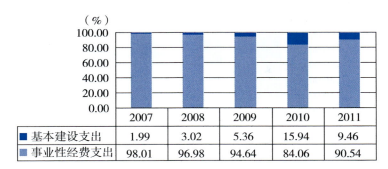

（%）	2007	2008	2009	2010	2011
■ 基本建设支出	1.99	3.02	5.36	15.94	9.46
■ 事业性经费支出	98.01	96.98	94.64	84.06	90.54

图1-26 2001—2011年基本建设支出与事业性经费支出
占特殊教育学校教育经费支出的比例

（2）近几年公用经费占比突破四成

事业性经费支出分为个人部分支出①和公用部分支出②。从个人部分支出和公用部分支出的分布看，2007年以来，特殊教育学校事业性经费支出总量大幅上升，为个人部分支出和公用部分支出的增长提供了空间。

从个人部分支出和公用部分支出占特殊教育学校事业性经费支出的比例来看，与2007年相比，近年来的公用部分支出占比总体增长，个人部分支出占比总体下降。其中，2010年以来，公用部分支出占比突破四成，个人部分支出占比降到六成以下。具体看，2011年公用部分支出（28.84亿元）占比为43.16%，个人部分支出（37.98亿元）占比为56.84%。相较而言，近年用于教师工资福利等的个人部分支出比例在降低，而用于商品和服务支出、其他资本性支出的公用部分支出比例则在增加（图1-27）。

---

① "个人部分支出"包括"工资福利支出"和"对个人和家庭的补助"两部分。工资福利支出反映学校或单位开支的在职职工和临时聘用人员的各类劳动报酬，以及为上述人员缴纳的各项社会保险费等。"对个人和家庭的补助"反映政府对个人和家庭的补助支出。该定义来源于《中国教育经费统计年鉴2011》附录页。

② "公用部分支出"包括"商品和服务支出"和"其他资本性支出"两部分。"商品和服务支出"反映学校或单位购买商品和服务的支出（不包括用于购置固定资产的支出）。"其他资本性支出"反映非各级发展与改革部门集中安排的用于购置固定资产、土地和无形资产，以及建设基础设施、大型修缮所发生的支出。该定义来源于《中国教育经费统计年鉴2011》附录页。

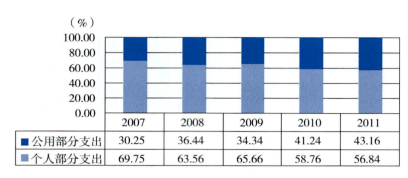

图 1-27　2007—2011 年特殊教育学校事业性经费支出
中个人部分支出和公用部分支出占比①

3. 发展建议

（1）政府保障为主，继续加大财政性特殊教育经费投入力度

近年来，特殊教育学校经费逐年增加，这为特殊教育事业的发展提供了重要保障，但未来仍需拓展经费来源，继续加大财政性特殊教育经费投入力度。从国内情况来看，原因至少有四点：第一，2012 年残疾儿童少年在校生人数虽然已达到 37.88 万人，但是，《中国残疾人事业统计年鉴 2012》数据显示，2012 年全国未入学学龄残疾儿童少年人数仍有 9.1 万人。今后要进一步解决残疾儿童少年的入学问题，必须增强经费支持。第二，残疾儿童的教育安置形式有特殊教育学校和普通学校等多种形式，但是，目前的特殊教育经费主要用于特殊教育学校，普通学校随班就读经费投入极少，而且在历年《中国教育经费统计年鉴》中查不到专门的统计数据。今后要为普通学校开展残疾人教育（如随班就读、特教班）提供充足的经费，必然要提高经费总投入。第三，当前，特殊教育学校覆盖范围有限，总量尚显不足，区域差距较大，校舍建设标准较低。现有特殊教育学校多数是由原普通中小学校改造，与国家发布实施的特殊教育学校建设标

---

①　依据 2002—2011 年《中国教育经费统计年鉴》中的"分地区特殊教育学校教育经费支出明细"（不包括工读学校）的原始数据计算。个人部分支出比例＝（个人部分支出/事业性经费支出）×100%；公用部分支出比例＝（公用部分支出/事业性经费支出）×100%。

准和建筑设计规范要求有较大差距。①《国家中长期教育改革和发展规划纲要（2010—2020年）》指出，"到2020年，基本实现市（地）和30万人口以上、残疾儿童少年较多的县（市）都有一所特殊教育学校。"毋庸置疑，改扩建和新建特殊教育学校是今后一段时期内依然要坚持的政策，无论是兴建校园还是新增校舍的运作，必然要增加特殊教育学校基本建设支出乃至总经费的支出。第四，随着物价、人工费用乃至教师工资福利的不断上涨，学校用于教师工资、购置固定资产、构建基础设施及大型修缮等方面的个人部分支出和公用部分支出即事业性经费支出均会不断增长。

综上所述，未来特殊教育经费还需不断增长。特殊教育属于公共服务范畴，国家财政性教育经费理应是特殊教育学校经费收入来源的主体，但是，各地和各校也需要充分利用社会资源，增加社会团体和公民个人办学经费、社会捐资经费、事业收入及其他收入。只有国家、地方、学校和社会全体参与，各尽其责，各显其能，才能为特殊教育的发展提供充分的经费保障。

（2）合理规划特殊教育经费支出结构

从特殊教育经费支出结构来看，特殊教育经费支出由事业性经费支出和基本建设支出两部分构成。数据显示，随着国家对特殊教育学校新建与改扩建项目的大力推动，特殊教育学校基本建设经费支出数量与比例均在加大，2010年基本建设支出达到10.70亿元，比2009年净增了8.25亿元；从比例来看，2010年基本建设支出占特殊教育经费支出的15.94%，比2009年增加了10.58%。虽然2011年基本建设支出比例略有下降，但占比仍然较高（9.46%）。事业性经费支出分为个人部分和公用部分，最近几年，特殊教育学校用于商品和服务支出、其他资本性支出的公用部分支出比例增幅较大。2011年个人部分支出的比例为历年最低（56.84%），而公用部分支出的比例为历年最高（43.16%）。近年来，随着特殊教育学校的兴建与改扩建，基本建设支出在一定时期内占据一定的比例理所当然，但每

---

① 教育部，国家发展改革委，2007. 教育部国家发展改革委关于印发《"十一五"期间中西部地区特殊教育学校建设规划（2008—2010年）》的通知［EB/OL］.（2007-09-24）［2008-05-20］. http：//www.gov.cn/gongbao/content/2008/content_970293.htm.

年的经费支出结构仍需要合理规划，不能因为基本建设开支过大而影响了事业性经费支出的增长需求。同时，在事业性经费支出中，也需要合理规划个人部分和公用部分的比例。个人部分支出会直接影响教师工资福利及对个人和家庭的补助，如果不能适时增长，会进一步影响教师队伍的稳定性；而公用部分支出会直接影响特殊教育学校购买商品和服务、购置固定资产设备、构建基础设施及开展大型修缮。因此，各地区和各学校在分配及使用特殊教育经费时应该精心规划，精打细算，"有钱花在刀刃上"，切忌不合理支出。

此外，国家在加大对特殊教育学校经费投入力度的同时，还应逐步落实对普通学校开展残疾人教育的财政性经费投入。在我国，从 1995 年以来，在普通学校附设特教班及随班就读的残疾儿童占残疾儿童在校生人数的六成左右，近几年这一比例略有下降，2012 年占比为 53%。可以说，当前仍有一半多的残疾儿童在普通学校就读。然而，多年来，部分地区虽然给随班就读学校的资源教室建设投入了一些经费，但是不少地方的特殊教育经费没有专门投入到开展随班就读的普通学校，因此也影响了资源教室的建设和功能发挥，进而影响了随班就读工作的质量。《中国教育经费统计年鉴》中也没有普通学校开展残疾人教育的经费统计。从法律层面看，《义务教育法》《残疾人教育条例》均强调了特殊教育学校的教育经费问题，但没有规定普通学校开展残疾人教育的经费问题。1994 年通过的《关于开展残疾儿童少年随班就读工作的试行办法》虽然在第 28 条规定"各级教育行政部门应逐步增加对残疾儿童少年随班就读的经费投入"①，但是，由于该试行办法级别低，并未得到很好落实。2014 年，《特殊教育提升计划（2014—2016 年）》首次明确提出，随班就读、特教班和送教上门的义务教育阶段生均公用经费参照义务教育阶段特殊教育学校生均预算内公用经费每年 6000 元的标准执行。因此，各地在稳定与加强特殊教育学校经费投入的同时，落实对普通学校开展特殊教育的财政性经费投入势在必行。

---

① 国家教委，1994. 关于开展残疾儿童少年随班就读工作的试行办法 ［EB/OL］.（1994－07－21）［2012－08－03］. http：//law. lawtime. cn/d482833487927_1_p2. html.

二、残疾人高等特殊教育发展状况

（一）残疾人高等教育入学机会增加

1. 录取残疾学生人数总体增长，年均 7000 多人

从录取人数看，《中国残疾人事业统计年鉴》数据显示，2006 年至 2012 年，参加普通高考达到录取分数线的残疾考生共有 47550 人，普通高等院校累计录取残疾考生 44294 人，高等特殊教育院校累计录取残疾考生 7368 人，普通高等院校和高等特殊教育院校合计录取残疾考生 51662 人。

2006 年至 2012 年，普通高等院校录取残疾考生人数总体增长；高等特殊教育院校录取残疾考生人数增幅不大。具体来看，普通高等院校及高等特殊教育院校合计年均录取 7380 名残疾考生，其中，普通高等院校年均录取残疾考生 6328 人，高等特殊教育院校年均录取残疾考生 1053 人。普通高等院校录取残疾考生最多的年份是 2010 年，达 7674 人；高等特殊教育院校录取残疾考生最多的年份是 2009 年，达 1196 人（表 1-6、图 1-28）。

表 1-6　2006—2012 年普通高等院校及高等特殊教育院校录取残疾考生情况

年份	残疾考生达到普通高等院校录取分数线人数（人）	普通高等院校录取残疾考生人数（人）	高等特殊教育院校录取残疾考生人数（人）	当年合计录取残疾考生人数（人）
2006	4371	4148	986	5134
2007	5620	5234	1086	6320
2008	6680	6273	1032	7305
2009	7544	6586	1196	7782
2010	8219	7674	1057	8731
2011	7503	7150	877	8027

续表

年份	残疾考生达到普通高等院校录取分数线人数（人）	普通高等院校录取残疾考生人数（人）	高等特殊教育院校录取残疾考生人数（人）	当年合计录取残疾考生人数（人）
2012	7613	7229	1134	8363
7 年合计	47550	44294	7368	51662
7 年均值	6793	6328	1053	7380

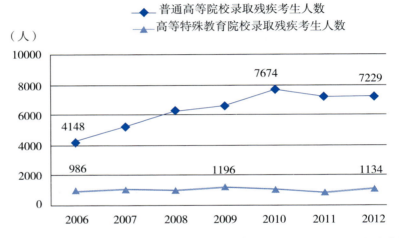

图 1-28 **2006—2012 年普通高等院校及高等特殊教育院校录取残疾考生年度变化**

2. 八成多残疾学生被普通高等院校录取

从录取残疾学生的院校类型来看，《中国残疾人事业统计年鉴》数据显示，2006 年以来，平均而言，八成多（86%）残疾学生被普通高等院校录取，不足两成（14%）残疾学生被高等特殊教育院校录取。从年份来看，高等特殊教育院校录取残疾学生比例最高的年份是 2006 年（19%），录取残疾学生比例最低的年份是 2011 年（11%）。总体来看，高等教育阶段以普通高等院校录取残疾学生为主体，高等特殊教育院校录取残疾学生为补充（图 1-29）。

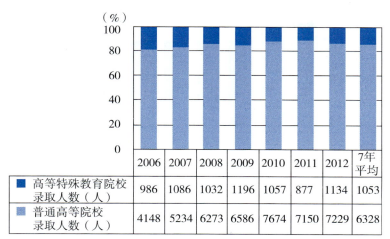

	2006	2007	2008	2009	2010	2011	2012	7年平均
■ 高等特殊教育院校录取人数（人）	986	1086	1032	1196	1057	877	1134	1053
■ 普通高等院校录取人数（人）	4148	5234	6273	6586	7674	7150	7229	6328

图 1-29　2006—2012 年高等特殊教育院校和普通高等院校

占高等教育院校录取残疾人数的比例

3. 四成盲聋学生、五成肢体残疾学生被本科录取

从录取层次上看，《中国残疾人事业统计年鉴》数据显示，盲、聋生专科录取占近六成，本科录取占四成多；肢体残疾学生本、专科录取各占一半。2006 年以来，平均而言，在被录取的盲、聋生中，43% 被本科院校录取，57% 被专科院校录取，可以看出，近六成盲、聋生接受高等教育的层次较低。平均而言，在被录取的肢体残疾学生中，48% 被本科院校录取，52% 被专科院校录取，可以看出，肢体残疾学生接受高等教育的层次较为均衡。相较而言，盲聋学生接受高等教育的层次低于肢体残疾学生（图 1-30、图 1-31）。

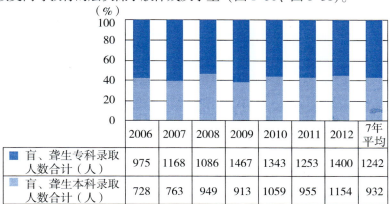

	2006	2007	2008	2009	2010	2011	2012	7年平均
■ 盲、聋生专科录取人数合计（人）	975	1168	1086	1467	1343	1253	1400	1242
■ 盲、聋生本科录取人数合计（人）	728	763	949	913	1059	955	1154	932

图 1-30　2006—2012 年高等院校录取盲、聋生的本科与专科层次分布

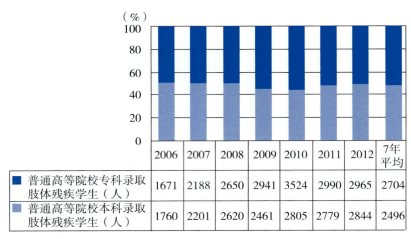

图 1-31　**2006—2012 年普通高等院校录取肢体残疾学生的本科与专科层次分布①**

4. 被录取残疾学生中肢体残疾占近七成

从被录取残疾学生的类别来看，《中国残疾人事业统计年鉴》数据显示，总体而言，肢体残疾学生占近七成，聋生占两成，盲生占一成。具体而言，2006 年以来，普通高等院校及高等特殊教育院校本、专科合计录取盲生最多的年份是 2012 年，为 902 人，录取聋生与肢体残疾学生最多的年份均是 2010 年，其中，聋生 1666 人，肢体残疾学生 6329 人（图 1-32）。

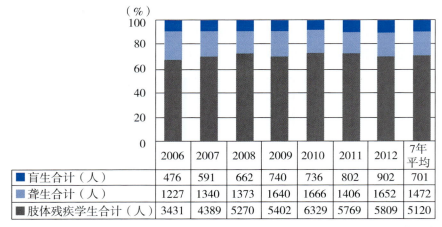

图 1-32　**2006—2012 年普通高等院校及高等特殊教育院校本、专科合计录取残疾学生情况**

① 《中国残疾人事业统计年鉴》显示，2006—2012 年高等特殊教育院校没有录取肢体残疾学生。

（二）高等特殊教育机构数量显著增加

高等特殊教育机构的发展为残疾人接受更高层次的教育提供了重要保障。据朴永馨在《改革开放30年中国特殊教育的发展与变革》中的介绍，1985年2月，教育部等有关部委发出的《关于做好高等学校招收残疾青年和分配工作的通知》规定：各高等学校应从残疾考生的实际出发，贯彻德智体全面考核、择优录取的原则，对上述残疾考生，在全部考生德智条件相同的情况下，不应仅因残疾而不予录取。还规定残疾考生毕业后由国家统一分配工作。这为残疾（当时仅指肢体残疾）考生接受高等教育打开了合法途径。1985年9月，中国第一个专门招收肢体残疾学生的大学本科专业系，即山东滨州医学院医学二系成立。1987年，在长春大学建立了招收盲、聋和肢体残疾三类残疾青年的特殊教育学院，面向全国招生，设立适合不同残疾学生的本科专业。随后在全国各地建立了多个专门招收残疾青年的特殊教育机构（学院、班）。[①]

残疾人接受高等教育的机构主要是普通高等院校和高等特殊教育院校，其中以普通高等院校为主。接受高等教育的残疾学生中，八成在普通高等院校受到高等融合教育。

2011年起，《中国残疾人事业统计年鉴》开始统计"高等特殊教育院校（机构）数量"，之前年份仅有录取残疾考生人数统计。统计数据显示，2011年全国共有高等特殊教育院校18个，2012年全国共有高等特殊教育院校20个，2012年比2011年增加了2个。

（三）高等特殊教育院校专业设置比较集中

《中国残疾人事业统计年鉴》缺乏残疾人高等特殊教育院校专业设置状况的数据。有研究者对17所残疾人高等院校进行了调查研究，发现近几年各学校可供残疾人大学生选择的专业增加，更加注重社会需求、地方特色及保障残疾人学生就业。如中州大学特殊教育学院的古建筑绘画专业，

---

① 朴永馨，2008. 改革开放30年中国特殊教育的发展与变革［J］. 现代特殊教育（12）：4-9.

结合河南文物大省特点、适应地方非物质文化遗产专业的发展，保障残疾人学生就业，促进了残疾人大学生就业对口率的提高。此外，特殊教育院校的课程设置更加符合残疾人的心理、生理特点和培养目标，增加了心理学、康复学，特别是加大了实践教学环节，重视实践教学基地建设。在该调查中，8 所（47%）学校开设了心理健康、心理咨询方面的课程，关注残疾人大学生的心理问题；12 所（71%）学校开设了针对所学专业的实训课程；针对视障学生，各院校普遍开设了盲人定向行走等缺陷补偿课程。①

查看各高等院校的网站，也可以增进对其专业设置的了解。以天津理工大学聋人工学院为例，2011 年有计算机科学与技术、艺术设计两个本科专业。其中，计算机科学与技术专业面向聋生，培养德、智、体全面发展，具有系统、扎实的理论基础和在信息的获取、传递、处理及应用等方面具有较宽的专业知识、较强的动手能力、良好的人文素质和创新精神，并在图形图像与多媒体技术、微机应用技术等方向具有特色，适应地方经济建设和社会发展需要的高级应用型专门人才。该专业开设的课程有：基础课程 7 门，包括中国近代史、大学语文、英语、物理、高等数学、计算机基础、工程制图；专业课程 13 门，包括 C 语言编程、数据结构、数据库原理、计算机网络基础、概率、电工电子技术、信息系统管理、计算机安全概论、局域网技术、多媒体开发技术、图像处理、动画设计、专业英语。②

又如北京联合大学特殊教育学院，2011 年共有艺术设计、计算机科学与技术、视觉传达艺术设计（平面设计）、视觉传达艺术设计（动漫）、园林技术、计算机应用技术、针灸推拿学、音乐表演等 8 个专业面向全国招收听障和视障考生。该学院还设有针灸推拿、计算机网络技术等专业，开展残疾人成人继续教育。以针灸推拿学为例，其招生对象是视障考生，学制五年，本科，授予医学学士学位。目标是培养具备中医推拿医学理论、实践及其他相关知识和能力，有良好医德医风，能够从事针灸推拿医疗、

---

① 吕淑惠，滕祥东，郝传萍，2012. 我国残疾人高等教育发展现状探究 ［J］. 残疾人研究（1）：54-57.

② 天津理工大学，2011. 天津理工大学聋人工学院专业设置 ［EB/OL］.（2011－04－22）［2012－08－15］. http：//www1. tjut. edu. cn：8080/lgweb/longren/chinese/zhuanyeshezhi/index. htm.

教学及科研工作的高级专门人才。主干课程有：中医学基础、中医诊断学、人体解剖学、生理学、病理学、药理学、西医诊断学基础、经络学、腧穴学、中药学、方剂学、中医内科学、中医骨伤学、推拿学基础、手法学、推拿治疗学、小儿推拿学、保健推拿学等。就业方向：面向残疾人的各级组织机构、特殊教育学校、各类医疗康复机构以及按摩院等。①

（四）残疾人高等教育发展建议

1. 提高残疾人就读普通高中的比例与高招录取比例

残疾人高中教育是义务教育之后的有益补充，是提高残疾人自身素质及残疾人接受高等教育比例的重要衔接阶段。要满足残疾人接受高等教育的需求，首先要创造条件使更多的残疾人顺利进入高中接受教育。建议各地结合实际情况，积极兴办残疾人普通高中，并出台鼓励残疾人接受高中教育的具体政策，吸引更多的残疾人接受高中教育。2012 年 7 月《国务院关于印发国家基本公共服务体系"十二五"规划的通知》指出，设立"残疾人教育资助"服务项目，其中对家庭经济困难的残疾儿童青少年提供义务教育、学前教育和高中阶段教育的生活费用和特殊学习费用等方面的补助，同时，免除他们高中阶段教育的学费、杂费、课本费。希望地方教育部门能够因地制宜，出台具体的补助标准，同时加强社会宣传，使全社会形成鼓励和扶持残疾人接受高中教育的社会舆论。②

残疾人高等教育发展面临的首要问题是接受高等教育的残疾人比例太低。如前文所述，《中国残疾人事业统计年鉴》数据显示，2006 年至 2012 年，普通高考达到录取分数线的残疾人共有 4.75 万人，普通高等院校累计录取残疾人不到 5 万人，高等特殊教育院校累计录取残疾人仅 7000 多人，普通高等院校和高等特殊教育院校合计累计录取残疾考生 5 万多人，年均

---

① 北京联合大学，2011. 北京联合大学特殊教育学院专业介绍［EB/OL］.（2011-10-26）［2012-08-15］. http：//sec. buu. edu. cn/art/2011/10/26/art_11791_124936. html.

② 国务院，2012. 国务院关于印发国家基本公共服务体系"十二五"规划的通知［EB/OL］.（2012-07-23）［2012-12-10］. http：//www. cdpf. org. cn/txjs/content/2012-07/23/content_30405197. htm.

录取 7000 多人。《2006 年第二次全国残疾人抽样调查主要数据公报（第二号）》数据显示：全国残疾人口中，具有大学程度（指大专及以上）的残疾人为 94 万人，占残疾人口的比例为 1.13%，高中程度（含中专）的残疾人为 406 万人，占残疾人口的比例为 4.89%，高中以上程度合计比例为 6.02%。[①]《2010 年第六次全国人口普查主要数据公报（第 1 号）》数据显示：大陆 31 个省、自治区、直辖市和现役军人的人口共 13.40 亿人，具有大学（指大专以上）文化程度的人口为 1.20 亿人，占大陆人口的比例为 8.93%；具有高中（含中专）文化程度的人口为 1.88 亿人，占大陆人口的比例为 14.03%。[②] 相较而言，具有大学程度的残疾人占残疾人口的比例（1.13%）远低于大陆大学文化程度人口的比例（8.93%）；具有高中程度的残疾人占残疾人口的比例（4.89%）远低于大陆高中文化程度人口的比例（14.03%）。如果将残疾人口与非残疾人口分开来计算，残疾人口与非残疾人口相比，其大学程度与高中程度的占比会显得更低。

因此，无论是从提高人口素质的角度出发，还是从建设和谐社会的政治意义出发，抑或是从改善残疾人生存质量的角度出发，积极发展残疾人高等教育都非常必要。建议完善已有的残疾人高考招生政策，在招生条件或录取比例等方面适度向残疾人倾斜，同时依托单考单招、特困补助等政策，使更多的优秀残疾人能够上大学。

2. 提高残疾人高等教育办学层次与教育质量

当前我国残疾人高等教育中残疾学生的类别主要局限于盲、聋和肢体残疾三类，已有学院办学层次以大专为多，本科较少，缺乏招收视力与听力残疾人攻读硕士、博士学位的政策，残疾人接受更高程度高等教育的需求无法满足。从高等特殊教育机构的布局来看，如前文所述，高等特殊教育院校（机构）数量较少，2012 年全国共有高等特殊教育院校 20 个。从

---

① 第二次全国残疾人抽样调查领导小组，国家统计局，2007. 2006 年第二次全国残疾人抽样调查主要数据公报（第二号）［R/OL］.（2007-05-28）［2012-08-15］. http：//www. cdpf. org. cn/sjzx/cjrgk/200711/t20071121_ 387540. shtml.

② 国家统计局，2011. 2010 年第六次全国人口普查主要数据公报（第 1 号）［R/OL］.（2011-04-28）［2012-08-15］. http：//www. stats. gov. cn/tjsj/tjgb/rkpcgb/qgrkpcgb/200104/t20110428_ 30327. html.

录取人数来看，2012 年，共录取 8000 多人；从录取学院类型来看，普通高等院校录取八成多，高等特殊教育院校录取不足两成；从录取层次来看，盲、聋生专科录取占六成，肢残学生本、专科录取各占一半；从录取残疾学生类别来看，肢残生占七成，聋生占两成，盲生占一成。

此外，已有高等特殊教育机构还存在专业及课程设置单一、"双师型"高等特殊教育师资队伍缺乏、经费制度与管理体制有待完善等问题。建议加强对全国高等特殊教育的规划与管理，均衡高等特殊教育院校布局，逐渐形成残疾人专科、本科及研究生培养相结合的体系；增加投入并改善经费体制，提高高等特殊教育院校教师待遇，加强师资队伍建设；鼓励相关单位积极开展残疾人高等教育研究，在国家与地方教育科研课题资助方面向特殊教育倾斜。总之，应高瞻远瞩，均衡布局，多措并举，办好残疾人高等教育机构，尽可能满足更多的残疾人接受高等教育的需求，进一步促进残疾人就业，提高残疾人生活质量。

第二章

中国各地区特殊教育发展状况

　　我国特殊教育管理遵循着"中央统筹规划、地方具体落实"的原则①，各地区的教育行政部门不仅要落实中央下达的任务，还要依据当地特殊教育发展的需求制定地方性特殊教育的发展规划，因此各地区特殊教育事业的发展呈现出不同样态。

　　与第一章相对应，本章从两部分剖析我国不同区域特殊教育的发展状况：第一部分比较东、中、西部地区②残疾儿童少年基础教育的发展状况，第二部分比较东、中、西部地区高等教育院校录取残疾大学生的情况。第一部分又进一步分成四个方面：一是中小学在校残疾学生数量变化和分布情况，同时考察未入学适龄残疾儿童少年分布情况；二是特殊教育学校数量发展和分布情况，以及特殊教育学校办学条件；三是教师，尤其是专任教师的基本状况；四是特殊教育经费投入和分配。

　　本章主要对东、中、西部地区的特殊教育发展情况进行对比，对部分重要数据还从时间变化（主要考察 2010—2012 年的发展情况）、城乡差异、性别差异及分省（自治区、直辖市）的角度进行考察。

---

　　① 彭霞光，等，2013. 中国特殊教育发展报告 2012 ［M］. 北京：教育科学出版社：24-25.
　　② 根据国家统计局的划分标准，东部地区有 11 个省级行政区，分别是北京、天津、河北、辽宁、上海、江苏、浙江、福建、山东、广东和海南；中部地区有 8 个省级行政区，分别是山西、吉林、黑龙江、安徽、江西、河南、湖北、湖南；西部地区有 12 个省级行政区，分别是四川、重庆、贵州、云南、西藏、甘肃、青海、宁夏、新疆、广西、内蒙古、陕西。

一、残疾儿童少年基础教育地区发展状况

（一）中部地区在校残疾学生数降幅最大

2012 年在校残疾学生总数为 37.88 万人，其中东部地区人数最多，约 15.40 万人，占学生总数的 40.64%；其次是西部地区，学生约 13.06 万人，占学生总数的 34.48%；最少的是中部地区，学生约 9.42 万人，占学生总数的 24.88%（图 2-1）。

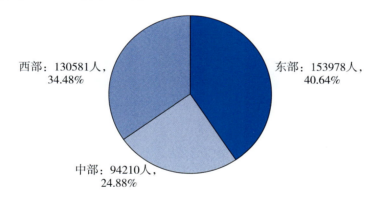

西部：130581人，34.48%

东部：153978人，40.64%

中部：94210人，24.88%

图 2-1　**2012 年东、中、西部地区在校残疾学生人数对比**

从 2010 年至 2012 年，东、中、西部地区在校残疾学生数量均有下降，但是三个地区降幅（2012 年比 2010 年）差异明显，中部地区减少了 15.52%，西部地区减少了 11.39%，东部地区减少了 7.64%（图 2-2）。中部地区的降幅明显大于西部地区和东部地区。

从第六次全国人口普查资料可知，我国东部地区人口约为 5.50 亿，中部人口约为 4.22 亿，西部地区人口约为 3.60 亿。[①] 中部地区并不是人口最

---

① 根据 2010 年人口普查资料的数据统计而得。参见：国务院人口普查办公室，国家统计局人口和就业统计司，2011. 中国 2010 年人口普查资料 [EB/OL]. [2012-08-15]. http://www.stats. gov. cn/tjsj/pcsj/rkpc/6rp/indexch. htm.

少的地区，它比西部地区多了六千多万人口。从第二次全国残疾人口抽样调查数据可知，我国东部地区残疾人口的出现率是 6.07%，中部地区是 6.41%，西部地区是 5.95%。[①] 从残疾人口出现率看，中部地区最高。那么，根据人口普查数据和残疾人口抽样数据推算，我国中部地区适龄残疾儿童少年数量应该远多于西部地区，中部地区的残疾学生就读于中小学的人数也应该多于西部地区，但现实情况却是 2012 年，中部地区残疾学生数量比西部地区少了将近三分之一，而且，从 2010 年到 2012 年，中部地区残疾学生在校人数降幅也比西部地区的大。

	东部	中部	西部
2010年学生数（人）	166724	111514	147375
2011年学生数（人）	156193	107530	135013
2012年学生数（人）	153978	94210	130581
降幅（%）	7.64	15.52	11.39

图 2-2　**2010—2012 年东、中、西部地区在校残疾学生减少数量对比**

（二）东部地区残疾学生升学情况好于中西部地区

与小学残疾学生人数占残疾学生总数的比例相比，全国初中和高中残疾学生人数占残疾学生总数的比例明显偏低。东、中、西部地区残疾学生人数的学段分布情况也有一些差异。相对而言，东部地区残疾学生人数的

---

① 根据第二次全国残疾人抽样调查主要数据公报数据统计而得。参见：第二次全国残疾人抽样调查领导小组，国家统计局，2007. 第二次全国残疾人抽样调查主要数据公报（第二号）［R/OL］.（2007-05-28）［2012-08-15］. http：//www. cdpf. org. cn/sjzx/cjrgk/200711/t20071121_387540. shtml.

学段分布差异最小，中部地区和西部地区的差异比较大。在不同的比例数值中，有两个数值比较突出，一是中部地区初中残疾学生人数占中部地区残疾学生总数的比例为 22.57%，比东部地区和西部地区的比例分别低了5.40% 和 4.56%；西部地区残疾学生就读高中的比例仅为 1.23%，比东部地区和中部地区分别低了 2.58% 和 1.51%（图 2-3）。

图中图例：■ 小学　■ 初中　■ 高中

（%）	东部	中部	西部	全国
小学	68.02	74.69	71.64	70.9
初中	27.97	22.57	27.13	26.34
高中	3.81	2.74	1.23	2.75

图 2-3　2012 年东、中、西部地区不同学段残疾学生人数占比

进一步对各省份的情况进行比较，可以发现如下结果（图 2-4）。

在东部地区，上海各学段人数占比差异最小，其中小学生占 75.35%，初中生占 21.27%，高中生占 3.38%。河北和福建各学段人数占比差异比较大，河北小学生占 91.26%，初中生占 7.65%，高中生占 1.09%；福建小学生占 88.54%，初中生占 10.65%，高中生占 0.81%。

在中部地区，安徽各学段人数占比差异最小，其中小学生占 88.64%，初中生占 9.07%，高中生占 2.29%；湖南各学段人数占比差异最大，其中小学生占 91.34%，初中生占 7.99%，高中生占 0.67%。

在西部地区，内蒙古各学段人数占比差异最小，其中小学生占 88.64%，初中生占 9.02%，高中生占 2.34%；广西和云南各学段人数占比差异较大，其中广西小学生占 92.75%，初中生占 6.78%，高中生占 0.47%；云南小学生占 87.15%，初中生占 12.82%，高中生占 0.03%。

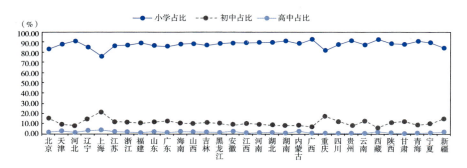

图 2-4　2012 年各省份不同学段残疾学生人数占比

2012 年，全国小学、初中、高中阶段残疾学生人数占在校残疾学生总人数的比例分别是：70.91%、26.34%、2.75%。2012 年，全国小学、初中、高中阶段学生总数为 18785.55 万人，其中小学生总数为 9695.90 万人，占总数的 51.61%；初中生人数为 4763.06 万人，占总数的 25.35%；高中生人数为 4326.59 万人，占总数的 23.04%。[①]与这一比例相比，我国残疾学生人数学段分布比例差异过大。从 2012 年残疾学生的学段分布，以及 2001—2011 年残疾学生学段分布比例[②]，可以推测出我国 70% 以上的残疾学生只接受了 6 年的小学教育。

（三）东部地区在校残疾女生占比相对最小

全国在校残疾女生人数占残疾学生总数的比例为 35.38%，其中东部地区的比例最小，为 31.44%，中部地区的比例为 35.90%，西部地区的比例为 36.11%。

对各省份进行比较，可发现比较大的差异。残疾女生人数占残疾学生总数比例最高的四个省份分别是：中部地区的山西（43.67%），西部地区的西藏（42.50%）、宁夏（43.22%）和新疆（40.01%）。全国残疾女生就学比例最低的是中部地区的江西（30.18%），它与比例最高的山西相

---

①　在《中国教育统计年鉴》的数据中，高中阶段还包括成人普通高中和成人中专，本报告未纳入这一部分数据。

②　彭霞光，等，2013. 中国特殊教育发展报告 2012 ［M］. 北京：教育科学出版社：50-51.

比，低了 13.49%。广东是东部地区比例最低的省份，比例为 31.71%；河北是东部地区比例最高的省份，比例为 36.57%。贵州则是西部地区比例最低的省份，比例为 34.53%（图 2-5）。

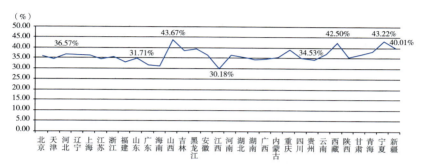

图 2-5　2012 年各省份残疾女生占残疾学生总数比例对比

（四）东部地区城市在校残疾学生占比相对最大

各地区残疾学生城乡分布比例差异较大。《中国教育统计年鉴 2012》将城乡地区细分为五类：城区、城乡接合区、镇区、镇乡接合区、乡村。据图 2-6，在东部地区，城区的残疾学生最多，比例为 45.29%；其次是

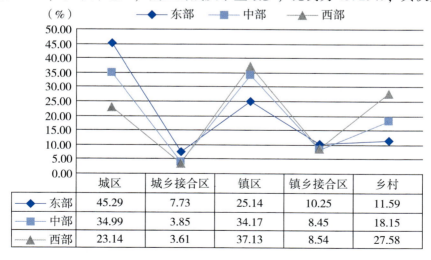

	城区	城乡接合区	镇区	镇乡接合区	乡村
东部	45.29	7.73	25.14	10.25	11.59
中部	34.99	3.85	34.17	8.45	18.15
西部	23.14	3.61	37.13	8.54	27.58

图 2-6　2012 年东、中、西部地区残疾生城乡分布比例对比

镇区，为 25.14%；乡村占比较小，为 11.59%。在中部地区，城区和镇区的残疾学生人数差不多，比例分别为 34.99% 和 34.17%；乡村占比最小，为 18.15%。在西部地区，镇区的残疾学生人数最多，比例为 37.13%；其次是乡村，为 27.58%；城区残疾学生人数比较少，比例为 23.14%。

（五）西部地区未入学适龄残疾儿童少年人数降幅最大

2012 年未入学适龄残疾儿童少年总数约为 9.10 万人，其中西部地区人数最多，约 4.04 万人，占未入学适龄残疾儿童少年总数的 44.37%；其次是中部地区，约 3.20 万人，占总数的 35.14%；最少的是东部地区，约 1.86 万人，占总数的 20.49%（图 2-7）。

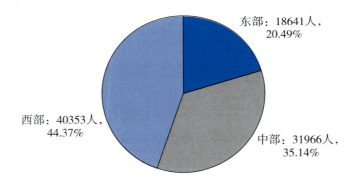

东部：18641人，20.49%

中部：31966人，35.14%

西部：40353人，44.37%

图 2-7　**2012 年东、中、西部地区未入学适龄残疾儿童少年人数对比**①

从 2010 年至 2012 年，各地区未入学适龄残疾儿童少年人数呈递减趋势，这一趋势的出现，可能与 2010 年至 2012 年的总人口减少、适龄残疾儿童少年数量相应减少有关。2012 年与 2010 年相比，三个地区人数降幅差异非常明显，西部地区减少了 49.65%，中部减少了 24.21%，东部地区减少了 17.44%（图 2-8）。西部地区降幅明显大于中部和东部地区。

---

①　《中国残疾人事业统计年鉴 2012》将新疆生产建设兵团和黑龙江垦区的人数单独列出，本报告分析时将这两部分人数分别计入新疆和黑龙江的人数中进行统计。

	东部	中部	西部	全国
2010年 人数（人）	22580	42386	79827	144793
2011年 人数（人）	22971	46564	57368	126903
2012年 人数（人）	18641	32124	40195	90960
降幅（％）	17.44	24.21	49.65	37.18

图 2-8　2010—2012 年东、中、西部地区未入学适龄残疾儿童少年减少数量对比

（六）促进残疾儿童少年基础教育均衡发展的建议

1. 逐步增加中部地区残疾学生人数

中部地区残疾学生人数少且降幅大，使其成为特殊教育发展的重点关注区域。在发展中部地区的特殊教育时，要特别关注几个方面：扩大特殊教育宣传力度，教育部门要联合残联系统、妇联系统以及不同级别的居民委员会，长期到居民社区、乡村进行入户宣传工作，让家长了解每个孩子都有接受教育的权利，还要给家长普及国家有关特殊教育的政策，比如残疾孩子可以免费上学、获得相关资助等。除了联合不同部门，教育部门还要注意采用多种形式进行宣传，比如，利用网络、当地电视台、报纸等进行宣传。此外，改善特殊教育学校的办学条件，提高特殊教育学校的招生能力，大力推广随班就读，提高普通学校接纳残疾学生的能力，这些也是有效增加中部地区残疾学生人数的主要途径。

2. 增加各地区残疾学生受教育年限

在国际上，考察一个国家的教育水平如何，其中一个重要指标是学生的平均受教育年限。这一点，从各省份的残疾学生学段分布也可以得到印证。例如东部地区的上海，其学段分布比例是全国差异最小的，而上海的特殊教育水平也是全国一流的。西部地区的重庆，学段分布比例差异也比较小，相对来说，重庆的特殊教育水平在全国也处于比较领先的地位。而福建、湖南、广西、云南等地的残疾学生学段分布差异比较大，相对而言，它们的特殊教育水平与同一地区的其他省份相比，也有一定差距。

我国目前的特殊教育工作方针是继续普及残疾儿童义务教育，同时加强学前教育和九年义务教育后教育的建设，但从现有数据看，还应该提出"加强中等教育的建设力度"。

3. 关注并逐步解决残疾女童受教育问题

第六次全国人口普查数据表明，女性人数占人口总数的48.81%。[①] 第二次残疾人口抽样调查数据表明，女性残疾人数占残疾人总数的48.45%。[②] 2012年，我国小学阶段女生人数占学生总数的比例为46.37%；中学阶段女生人数占学生总数的比例为47.83%。[③] 我国各地区残疾女生人数占残疾学生总数仅为35.38%，与前几个比例相比，至少低了10个百分点，此外残疾女生人数比例高于40%的省份仅有4个。可以说，我国残疾学生中的男、女生比例存在较大差异，东部地区的情况更值得关注。东部地区残疾女生就读比例比中部和西部地区都低，就读比例高于40%的4个省份没有一个在东部地区。东部地区的特殊教育整体水平最高，东部地区在校残疾生数最多、未入学适龄残疾儿童少年数最少这一事实也可以侧面反映出这一点。但是，为什么东部地区特殊教育整体水平最高，残疾女生就读比例反而最低？将来有必要对这一问题进行实证研究。

---

① 根据2010年人口普查资料的数据统计而得。参见：国务院人口普查办公室，国家统计局人口和就业统计司，2011. 中国2010年人口普查资料［EB/OL］.［2014-08-23］. http：//www. stats. gov. cn/tjsj/pcsj/rkpc/6rp/indexch. htm.

② 根据第二次全国残疾人抽样调查主要数据公报的数据统计而得。参见：第二次全国残疾人抽样调查领导小组，国家统计局，2007. 第二次全国残疾人抽样调查主要数据公报（第二号）［R/OL］.（2007-05-28）［2012-08-15］. http：//www. cdpf. org. cn/sjzx/cjrgk/200711/t20071121_387540. shtml.

③ 教育部发展规划司，2012. 中国教育统计年鉴2012［Z］. 北京：人民教育出版社：5.

4. 多种措施解决重度残疾儿童少年受教育问题

西部地区未入学适龄残疾儿童少年降幅大，说明该地区近年在这方面做了很多工作。东部地区降幅小，但不能简单地认为东部地区在这方面的工作力度不如中部和西部地区。未入学的适龄残疾儿童少年，主要是多重残疾和重度残疾人士，通常他们的家庭也比较贫困，因此这些人难以走出家门接受教育。从人数上看，东部地区未入学的人数明显少于中部地区和西部地区，而从图2-1也可看到东部地区在校残疾学生数量最多。综合上述信息，可以推测东部地区未入学的残疾儿童少年很可能是因为残疾程度重，而且残疾类型复杂，因此难以到校接受教育。

"送教上门"主要是为那些因生活无法自理不能到学校接受教育，或因病症严重休学后无法返校上课，但具有接受教育能力的适龄重度残疾儿童少年提供的教育教学服务。[1] 这一教育形式在目前可以有效地解决未入学重度残疾儿童少年的受教育问题。但是，应该怎么送？送什么？什么时候送？这些问题尚未有明确的答案。因此，要在适合的地区开展送教上门实验，通过系统的研究工作，探索出适用于我国不同地区的送教上门模式，尽快解决重度残疾儿童少年无法受教育的问题。

二、特殊教育学校数量与办学条件状况

（一）西部地区特殊教育学校数量增长最快

2012年特殊教育学校总数为1853所，其中东部地区最多。全国43.06%的特殊教育学校集中在东部地区，31.68%在中部地区，25.26%在西部地区（图2-9）。

---

① 彭霞光，等，2013. 中国特殊教育发展报告2012 [M]. 北京：教育科学出版社：32.

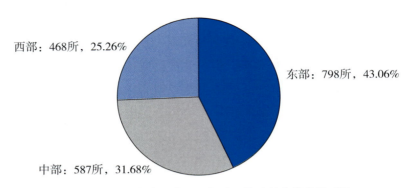

西部：468所，25.26%

东部：798所，43.06%

中部：587所，31.68%

图 2-9　**2012 年东、中、西部地区特殊教育学校数对比**

　　从 2010 年到 2012 年，东、中、西部地区特殊教育学校数量均有增长。2012 年与 2010 年相比，西部地区增长幅度最大，为 18.78%；中部地区增长幅度为 7.51%；东部地区增长幅度最小，为 4.18%（图 2-10）。西部地区特殊教育学校数量增长速度如此之快，与国家近年加大中西部地区特殊教育学校投入与建设力度有密切关系。

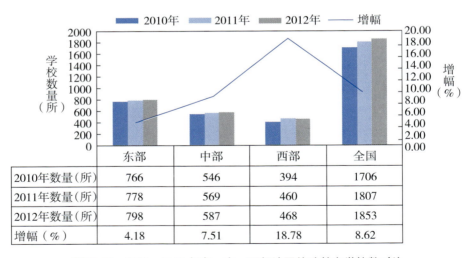

	东部	中部	西部	全国
2010年数量（所）	766	546	394	1706
2011年数量（所）	778	569	460	1807
2012年数量（所）	798	587	468	1853
增幅（%）	4.18	7.51	18.78	8.62

图 2-10　**2010—2012 年东、中、西部地区特殊教育学校数对比**

　　有些省份的学校数量增长速度令人关注。在东部地区，浙江、广东、海南的增幅超过 10%，尤其是广东在两年间增加了 19 所学校；与此同时，江苏出现了负增长情况，两年间学校数量减少了 5 所。在中部地区，学校数量增长幅度超过 10% 的省份是山西、江西、河南和湖南。在西部地区，除广西、重庆、贵州、青海外，其余省份的增长幅度均超过 10%，其中又以云南的增幅为最大。两年间云南学校数量增加了 21 所，增幅接近 81%。需要指出的是，有些省份，比如海南、新疆、西藏，由于原来的学校基数小，所以尽管学校数量的增幅大，但学校实际数量增长并不多（表 2-1）。

表 2-1　2010—2012 年东、中、西部地区特殊教育学校增长数量对比

地区	增长数（所）	增长比例（%）	地区	增长数（所）	增长比例（%）	地区	增长数（所）	增长比例（%）
北京	1	4.76	山西	8	17.78	内蒙古	9	30.00
天津	0	0.00	吉林	1	2.22	广西	3	5.08
河北	2	1.34	黑龙江	0	0.00	重庆	0	0.00
辽宁	0	0.00	安徽	2	3.23	四川	13	13.00
上海	0	0.00	江西	10	14.29	贵州	3	5.36
江苏	-5	-4.47	河南	12	10.00	云南	21	80.77
浙江	12	17.91	湖北	1	1.32	西藏	1	50.00
福建	2	2.74	湖南	7	12.96	陕西	6	15.00
山东	0	0.00	中部地区	41	7.51	甘肃	11	64.71
广东	19	25.33				青海	0	0.00
海南	1	33.30				宁夏	1	14.29
东部地区	32	4.18				新疆	6	46.15
						西部地区	74	18.78

（二）东部地区特殊教育学校城乡分布差异最大

从全国平均数据看，乡村地区特殊教育学校数量占学校总数的 5.18%，而城市地区的学校数量则占总数的 49.92%，两者差异甚巨。2012 年，中、东部地区的城区学校数量比乡村学校数量多出 43.54 个百分点，中部地区的城区学校数量比乡村学校数量多出 34.70 个百分点，西部地区

的城区学校数量比乡村学校数量多出 26.52 个百分点。从比例上看，东部地区城区学校和乡村学校的数量差异最大，西部地区差异最小。从各省份的对比看，上海、天津、海南、宁夏、青海、新疆尚未在乡村地区建立特殊教育学校（表 2-2）。

表 2-2　2012 年东、中、西部地区城乡特殊教育学校分布数量对比（单位：所）

地区	城区	乡村	其他	地区	城区	乡村	其他	地区	城区	乡村	其他
北京	18	2	2	山西	28	5	20	内蒙古	18	2	19
天津	17	0	3	吉林	35	1	10	广西	21	1	40
河北	48	11	92	黑龙江	38	2	34	重庆	17	1	18
辽宁	54	2	18	安徽	18	7	39	四川	41	8	64
上海	26	0	3	江西	24	1	55	贵州	15	3	38
江苏	79	2	26	河南	56	3	73	云南	18	3	26
浙江	52	9	18	湖北	43	4	30	西藏	1	1	1
福建	35	6	32	湖南	25	2	34	陕西	19	8	19
山东	80	3	62	中部地区	267	25	295	甘肃	14	1	13
广东	61	8	25					青海	2	0	9
海南	2	0	2					宁夏	5	0	3
东部地区	472	43	283					新疆	15	0	4
								西部地区	186	28	254

中部地区和西部地区特殊教育学校主要分布在镇区，其中，中部地区镇区特殊教育学校数占中部地区特殊教育学校总数的 41.90%，在西部地区这一比例为 43.28%。中部地区和西部地区的镇区特殊教育学校都比城市的特殊教育学校多，这与东部地区的情况刚好相反。东部地区镇区特殊教育学校占东部地区特殊教育学校总数的 28.61%，比中部地区少了约 13 个百分点，比西部地区少了约 15 个百分点（图 2-11）。

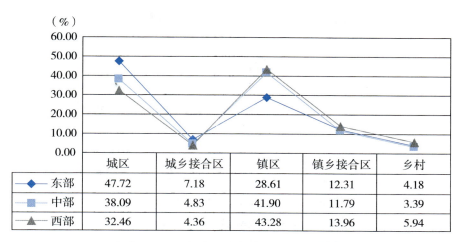

（%）	城区	城乡接合区	镇区	镇乡接合区	乡村
东部	47.72	7.18	28.61	12.31	4.18
中部	38.09	4.83	41.90	11.79	3.39
西部	32.46	4.36	43.28	13.96	5.94

图 2-11　2012 年东、中、西部地区城乡特殊教育学校占学校总数比例对比

（三）中西部地区特殊教育学校办学条件明显落后于东部地区

1. 东部地区学校平均占地面积和校舍建筑面积最大，中部地区最小

2012 年全国特殊教育学校平均占地面积为 8026.19 平方米，平均校舍建筑面积为 3577.82 平方米。东部地区学校的平均占地面积和校舍建筑面积最大，分别是 8773.71 平方米和 3909.51 平方米；中部地区学校的平均占地面积和校舍建筑面积最小，分别是 7289.65 平方米和 3177.28 平方米（图 2-12）。

东部地区学校平均占地面积和校舍建筑面积的差值为 4864.20 平方米，中部地区学校平均占地面积和校舍建筑面积的差值为 4112.37 平方米，西部地区学校平均占地面积和校舍建筑面积的差值为 4160.73 平方米。东部地区学校的差值比中部地区多 751.83 平方米，比西部地区多 703.47 平方米。这可能说明东部地区在进行校园建设时会留出更多的开放式运动场地或绿地。

具体到各地区，东部地区学校平均占地面积大于 1 万平方米的有上海、浙江、山东、广东、海南 5 个省份；中部地区学校平均占地面积大于 1 万平方米的只有吉林 1 个省份；西部地区学校平均占地面积大于 1 万平方米的有内蒙古、西藏、宁夏、新疆 4 个省份。对于平均校舍建筑面积而言，在东部地区，海南的面积最大，达到 10142.00 平方米，河北的面积最小，为 2559.52 平方米；在中部地区，湖南的面积最大，达到 4416.74 平方米，江西的面积最小，为 2256.04 平方米；在西部地区，西藏的面积最大，为 5659.33 平方米，四川的面积最小，为 2911.70 平方米（图 2-13）。

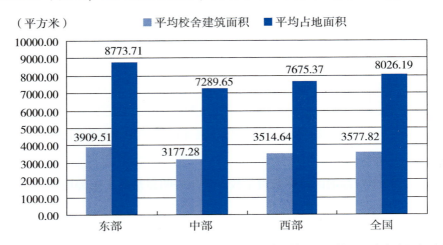

图 2-12　**2012 年东、中、西部地区特殊教育学校平均校舍建筑面积和校园平均占地面积对比**

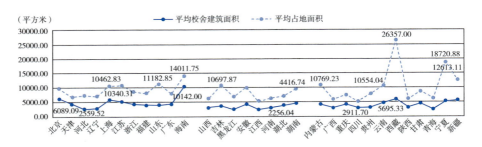

图 2-13　**2012 年各省份特殊教育学校平均校舍建筑面积和校园平均占地面积对比**

2. 东部地区学校平均危房面积明显小于中西部地区

东部地区特殊教育学校平均危房面积是 43.79 平方米，中部和西部地区分别是 129.18 平方米和 149.40 平方米（图 2-14）。中部和西部地区的学校平均危房面积几乎是东部地区的三四倍。具体到各省份，云南的平均危房面积最大，为 727.74 平方米，其次是甘肃，为 455.36 平方米。此外，北京、天津、吉林、上海、福建、江苏、海南、西藏、宁夏 9 个省份已经消除了危房（图 2-15）。

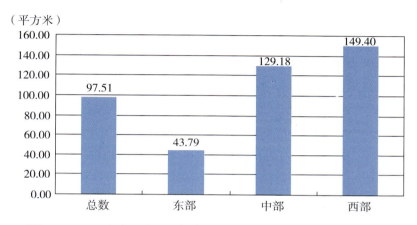

图 2-14　2012 年东、中、西部地区特殊教育学校平均危房面积对比

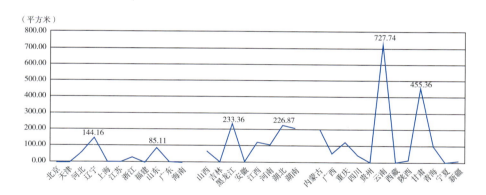

图 2-15　2012 年各省份特殊教育学校平均危房面积对比

3. 东部地区学校平均图书和数字资源拥有量多于中西部

从图书拥有量来看，东部地区特殊教育学校平均拥有图书 4504.92 册，中部地区为 2824.95 册，西部地区为 2777.65 册。东部地区学校拥有的图书比中西部地区学校多出 1700 册左右。从数字资源拥有量看，东部地区特殊教育学校平均拥有 230.84GB 数字资源，中部地区为 75.14GB，西部地区为 81.53GB。东部地区学校拥有的数字资源是中西部地区学校的 3 倍左右（图 2-16）。

就各省份情况而言，北京、上海、湖南的特殊教育学校的平均图书拥有量居前三位，分别是 11492.36 册、9691.31 册、5951.87 册；学校平均数字资源拥有量居前三位的分别是天津、上海和青海，分别是 2121.60GB、1224.78GB、349.64GB（图 2-17）。总体来看，上海的特殊教育学校拥有的综合资源量最大。

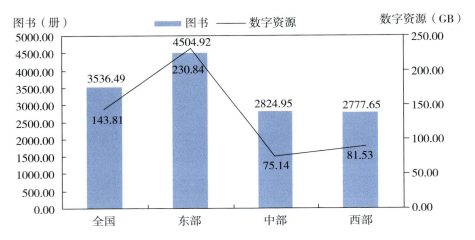

图 2-16 **2012 年东、中、西部地区特殊教育学校平均图书和数字资源拥有量对比**

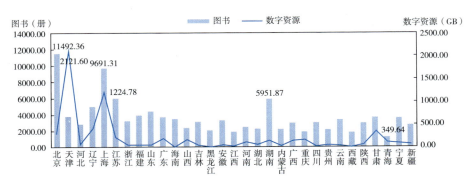

图 2-17 **2012 年各省份特殊教育学校平均图书和数字资源拥有量对比**

（四）改善中西部地区特殊教育学校办学条件的建议

1. 农村地区增设特殊教育学校，优化特殊教育资源分布

从第六次全国人口普查资料可知，目前我国农村人口约占总人口的50%。[①] 根据第二次残疾人抽样调查数据可知，全国残疾人口中，农村残疾人口为6225万人，占75.04%。[②] 从这两个数字可以推测，我国至少一半适龄残疾儿童少年分布在农村。目前，我国农村地区特殊教育学校数仅占特殊教育学校总数的5.18%。这一分布情况可能与农村地区地广人稀的现实情况相关，因为建设学校需要考虑学校的办学规模，人数稀少会影响学校的办学效益。此外，在我国东部地区一些地区，城市化水平比较高，交通便利，可能不需要在农村地区设立特殊教育学校。

但是，这两个原因不能说明农村不需要设立特殊教育学校。从目前农村地区学校的数量看，上海、天津、海南、青海、宁夏、新疆尚未建设农村特殊教育学校（表2-2）。但是，在这些地区中，可能只有上海是因为城市化水平高、交通便利，农村残疾学生可以到城里学校上课，因此不需要在农村建设特殊教育学校。

农村地区特殊教育学校少，意味着农村地区的适龄残疾儿童少年无法享受有质量的教育服务，甚至致使他们无法上学。在我国，特殊教育学校是"骨干"，发挥着技术引领、社会宣传以及为难以随班就读的中重度残疾学生提供教育服务的三种功能。[③] 因此，缺少特殊教育学校可能会造成农村中重度残疾学生无学可上、随班就读残疾学生无法获得相应的特殊教育资源支持、农村残疾儿童家长不知道或不愿意让孩子上学等情况。

---

① 根据 2010 年人口普查资料的数据统计而得。参见：国务院人口普查办公室，国家统计局人口和就业统计司，2011. 中国 2010 年人口普查资料［EB/OL］.［2014-08-23］. http：//www. stats. gov. cn/tjsj/pcsj/rkpc/6rp/indexch. htm.

② 根据第二次全国残疾人抽样调查主要数据公报的数据统计而得。参见：第二次全国残疾人抽样调查领导小组，国家统计局，2007. 第二次全国残疾人抽样调查主要数据公报（第二号）［R/OL］.（2007-05-28）［2012-08-15］. http：//www. cdpf. org. cn/sjzx/cjrgk/200711/t20071121_387540. shtml.

③ 彭霞光，等，2013. 中国特殊教育发展报告 2012［M］. 北京：教育科学出版社：31.

有鉴于此，我国有必要考虑在农村地区增设一些兼有走读和寄宿形式的特殊教育学校，满足附近及远道求学学生的需求。如果各地区根据估测，认为在当地农村地区建设特殊教育学校成本高、效益小，那么可以选择当地的普通中心校设立特殊教育资源中心，一方面为随班就读残疾学生提供特殊教育教学及康复服务，另一方面可以招收部分中重度残疾学生，将其单独编班进行教学，还可以承担一些送教上门的工作。

2. 重视中西部地区特殊教育学校基本办学条件和信息资源库建设

从学校平均占地面积、校舍建筑面积、危房面积、图书与数字资源数量等反映学校办学条件的指标看，东部地区学校明显比中部和西部地区学校的办学条件好，中部和西部地区学校的办学条件差不多。

这几年我国实施了《"十一五"期间中西部地区特殊教育学校建设规划（2008—2010 年）》，由中央和地方共同投入，在中西部地区改扩建了一批特殊教育学校，但由于中西部地区特殊教育底子薄、起步晚，所以整体上看，中西部地区特殊教育学校的办学条件与东部地区有相当大的差距。

这些差距主要反映在危房面积、图书和数字资源数量上。各地区通过特殊教育学校改扩建，可以快速地减少危房面积，但图书和数字资源的积累仅依靠学校努力是不够的。中西部地区特殊教育学校可能对要购买什么图书、收集哪些数字信息、建设哪些文本和电子的资料库所知甚少。因此，各地区政府应当出台相关政策，引导学校有意识地建设特殊教育资源；同时还要制定措施，比如帮助学校搭建电子平台、协助拟定书单等，帮助学校建设特殊教育资源库。

三、特殊教育学校教师数量与素质状况

（一）中西部地区特殊教育教师数量少于东部地区

2012 年，全国特殊教育教职工共有 53615 人。东部地区教职工为 26956 人，占特殊教育教职工总数的 50.28%；中部地区为 15493 人，占

28.89%；西部地区为 11166 人，占 20.83%（图 2-18）。2012 年，全国专任特殊教育教师共有 43697 人。东部地区专任教师为 21486 人，占专任特殊教育教师总数的 49.17%；中部为 12941 人，占 29.62%；西部地区为9270 人，占 21.21%（图 2-19）。无论是教职工，还是专任教师，东部地区的数量都明显多于中西部地区。

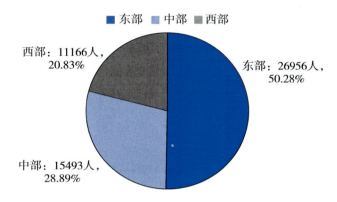

图 2-18　**2012 年东、中、西部地区特殊教育学校教职工数对比**

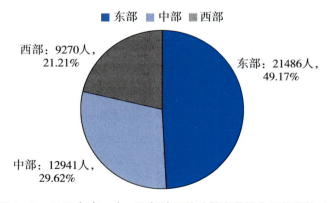

图 2-19　**2012 年东、中、西部地区特殊教育学校专任教师数对比**

（二）西部地区专任特殊教育教师数量增幅最大

2012 年与 2010 年相比，东、中、西部地区特殊教育学校专任教师的数量均有所增长，西部地区增长幅度为 21.69%，中部地区为 8.46%，东部地区为 6.90%，西部地区增长幅度远大于中部和东部地区（图 2-20）。

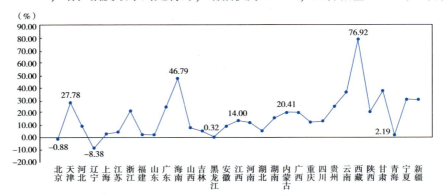

	东部	中部	西部	全国
2010年教师数（人）	20100	11932	7618	39650
2011年教师数（人）	20577	12425	8329	41331
2012年教师数（人）	21486	12941	9270	43697
增幅（%）	6.90	8.46	21.69	10.21

图 2-20　2010—2012 年东、中、西部地区特殊教育学校专任教师数对比

　　从图 2-21 可以看出，中部地区各省份的增长幅度差异不大，其中增长幅度最大的是江西，比例为 14.00%，最小的是黑龙江，仅为 0.32%，两者差13.68 个百分点。而东部和西部地区各省份的增长幅度差异明显。在东部地区，北京和辽宁专任教师数出现负增长，辽宁的负增长幅度更大，达到-8.38%，东部地区增长幅度最大的是海南省，增幅为 46.79%，辽宁与海南的专任教师增幅相差 56.17 个百分点。在西部地区，增长幅度最大的是西藏，增幅为76.92%，增长幅度最小的是青海，增幅仅为 2.19%，两者相差 74.73 个百分点。

图 2-21　2010—2012 年各省份特殊教育学校专任教师数增幅对比

需要指出的是，西藏和青海的专任教师数明显少于其他地方，因此一旦教师数发生变化，其增长幅度的变化就比较明显，东部地区的海南省也属于这一情况。

（三）东部和中部地区专任特殊教育教师职称和学历明显高于西部地区

西部地区专任教师获高级职称人数比例与本科及以上学历的人数比例明显低于东部地区和中部地区。

2012年，全国获本科及以上学历的专任教师有20494人，占专任教师总数的58.28%；获高级职称的专任教师有25465人，占专任教师总数的46.90%。在东部地区和中部地区，获本科及以上学历的专任教师比例与获高级职称的专任教师比例相差不大，均略高于全国比例。

在西部地区，获高级职称的专任教师人数占西部地区专任教师总数的37.65%，比中部和东部地区低十几个百分点；获本科及以上学历的专任教师人数占西部地区专任教师总数的50.80%，比中部和东部地区低近10个百分点（图2-22）。

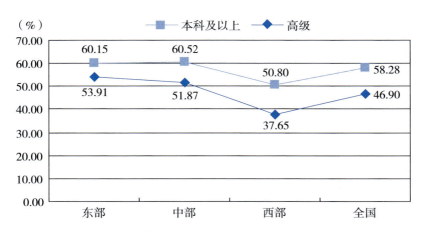

图2-22 2012年东、中、西部地区获高级职称和本科及以上学历专任教师比例对比

（四）提高中西部地区特殊教育教师素质的建议

1. 多种途径加强西部地区专任教师的培养力度

西部地区的特殊教育发展有如下特点：学校数量少，残疾学生多，专任教师少。西部地区平均每校拥有专任教师 20 名，低于中部和东部地区的平均值；在全国平均每校拥有专任教师较少的 6 个省份中，西部地区占了 4 个。这意味着培养西部地区特殊教育学校专任教师的工作任务比较重。

此外，西部地区专任教师的职称水平和学历水平明显低于中部和东部地区，以致西部地区特殊教育学校师资队伍整体水平与中部地区、东部地区有相当大的差距。教师队伍的数量以及素质会直接影响学生的成就，因此，对我国特殊教育教师队伍建设而言，增加西部地区特殊教师的数量、提高西部地区特殊教育教师的素质是当务之急。

要快速增加西部地区特殊教育教师数量、提高师资水平，除了培养师范生、加强在职教师培训外，还可以从两个方面着手：一是扩大特殊教育学校教师招聘渠道，引进听力言语康复、医学康复、运动康复专业毕业的学生。从特殊教育学校的招生趋势看，将来进入特殊教育学校的学生，其残疾程度会越来越重，需要通过康复治疗才能够更好地学习学校教授的知识和技能。因此，国家应制定政策，让特殊教育学校引进康复师，这不仅可以增强专任教师队伍的力量，也有利于将来更好地适应教育对象的变化。二是通过"教师互换"形式，让西部地区和东部地区的学校建立联系，西部地区的教师可以到东部地区学校进行跟岗学习，东部地区的教师也可以到西部地区学校进行教学指导。这一形式在我国普通教育领域非常普遍，但在特殊教育领域，尽管也有学校开展了实验，但并不普遍。因此，有必要建立西部地区和东部地区或中部地区学校之间的合作机制，尽快提升西部地区师资水平。

2. 关注并解决教师数负增长问题

在各地区教师数普遍增多的情况下，东部地区的北京和辽宁的特殊教育专任教师数却出现负增长。导致负增长的原因不明确，可能是这两个地方 2012 年特殊教育教师退休多、调走多造成当地教师总人数减少，这在全国范围内只是个别现象。

但是，这一现象必须引起有关部门的重视。近两年来，东部地区特殊教育学校接纳的残疾学生的残疾程度越来越重，对于重度残疾儿童而言，他们不仅需要教育服务，还需要康复服务，这意味着学校需要配备更多的专任教师，包括各种治疗师，才能更好地满足学生的发展需求。从某种程度上说，在未来很长一段时间内，判断我国各地区特殊教育水平是否得到提高，必须考虑专任教师数是否有所增加。

四、特殊教育学校教育经费使用状况

特殊教育经费来源包括国家财政性教育经费、社会团体和公民个人办学经费、社会捐资经费、事业收入及其他经费收入。其中，国家财政性教育经费是特殊教育经费的主要来源。国家财政性教育经费又可以进一步分成五个部分，其中公共财政预算教育经费是中央、地方各级财政或上级主管部门在本年度安排并划拨到各级各类学校、教育行政单位、教育事业单位，列入国家预算支出科目的教育经费，它不仅是国家财政性教育经费的主要构成部分，还可以灵敏地反映国家对某类学校的投入力度。因此，为了考察各地区特殊教育学校经费的来源情况，我们选择了特殊教育学校教育经费收入、国家财政性教育经费收入及公共财政预算教育经费收入三个指标。尽管这三个指标有隶属关系，但它们能够比较全面地反映特殊教育学校经费收入的基本状况。

（一）东部地区特殊教育经费收入最高，西部地区最低

2011 年，特殊教育学校的教育经费总收入共计为 7616495 千元，平均每个省份约为 245693 千元。东部地区各省份的平均教育经费总收入为 361783 千元，高于全国平均线；中部和西部地区各省份的平均教育经费总收入分别为 242970 千元和 134939 千元，低于全国平均线（图 2-23）。东部地区各省份的特殊教育学校平均教育经费收入是中部地区的 1.33 倍，是

西部地区的 2.68 倍。

特殊教育学校的国家财政性教育经费收入共计 7669265 千元，平均每个省份约为 238423 千元。东部地区各省份的平均国家财政性教育经费收入为 348938 千元，高于全国平均线；中部和西部地区各省份的平均国家财政性教育经费收入分别为 236721 千元和 131957 千元，低于全国平均线（图 2-23）。东部地区各省份的特殊教育学校平均国家财政性教育经费收入是中部地区的 1.47 倍，是西部地区 2.64 倍。

特殊教育学校的公共财政预算教育经费收入共计 6548647 千元，平均每个省份约为 203171 千元。东部地区各省份的平均公共财政预算教育经费收入为 282959 千元，高于全国平均线；中部和西部地区各省份的平均公共财政预算教育经费收入分别为 205186 千元和 122243 千元，低于全国平均线（图 2-23）。东部地区各省份的特殊教育学校平均公共财政预算教育经费收入是中部地区的 1.38 倍，是西部地区的 2.31 倍。

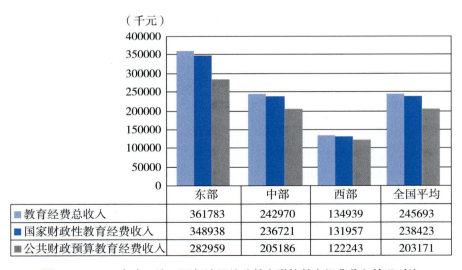

（千元）

	东部	中部	西部	全国平均
■教育经费总收入	361783	242970	134939	245693
■国家财政性教育经费收入	348938	236721	131957	238423
■公共财政预算教育经费收入	282959	205186	122243	203171

图 2-23　**2011 年东、中、西部地区特殊教育学校教育经费收入情况对比**

（二）西部地区特殊教育财政预算教育经费占教育经费总收入比例最大

国家财政性教育经费收入占教育经费总收入的比例在东、中、西部地区均差不多，但各地区公共财政预算教育经费收入占教育经费总收入的比例差异比较大，其中，东部地区的占比为 78.21%，中部地区的占比为 84.50%，西部地区的占比为 90.59%。西部地区比东部地区高了十几个百分点（图 2-24）。

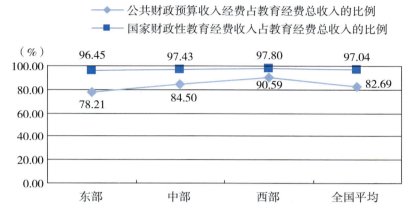

图 2-24　**2011 年东、中、西部地区特殊教育学校国家财政性教育经费收入和公共财政预算教育经费收入占教育经费总收入的比例对比**

（三）东部地区事业性教育经费支出远高于中西部地区

2011 年特殊教育学校的教育经费总支出共计为 7380568 千元，平均每个省份约为 238083 千元。东部地区各省份平均教育经费总支出为 339277 千元；中部各省份平均教育经费总支出为 240786 千元，均高于全国平均线；西部地区的平均教育经费总支出为 132709 千元，低于全国平均线（图 2-25）。东部地区各省份的特殊教育学校平均教育经费支出是中部地区的 1.41 倍，是西部地区的 2.57 倍。

2011 年特殊教育学校的教育经费总支出中，事业性教育经费支出为 6682067 千元，平均每个省份约为 215551 千元。东部地区各省份的平均事业性教育经费支出为 331187 千元，高于全国平均线；中部地区各省份的平均事业性教育经费支出为 204270 千元，西部地区各省份的平均事业性教育经费支出为 105864 千元，均低于全国平均线（图 2-25）。东部地区各省份特殊教育学校平均教育经费支出是中部地区的 1.62 倍，是西部地区的 3.13 倍。东部地区的事业性教育经费支出远大于中西部地区。

2011 年特殊教育学校的教育经费总支出中，基本建设支出为 698501 千元，平均每个省份约为 22532 千元。东部地区各省份的平均基本建设支出为 8093 千元，低于全国平均线；中部地区各省份的平均基本建设支出为 36517 千元，西部地区各省份的平均基本建设支出为 22532 千元，高于全国平均线（图 2-25）。东部地区各省份特殊教育学校平均基本建设支出占中部地区的 22.16%，占西部地区的 35.92%。东部地区的基本建设支出远小于中西部地区。

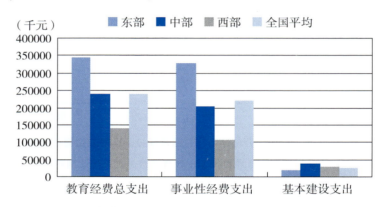

图 2-25　**2011 年东、中、西部地区特殊教育学校教育经费总支出、事业性经费支出和基本建设支出对比**

（四）中部地区生均教育经费支出明显低于东部和西部地区

2011 年全国平均生均经费支出是 42346.57 元，其中生均公共财政预算教育经费支出是 33466.65 元。与东部和西部地区相比，中部地区无论是生均教育经费支出还是生均公共财政预算教育经费支出都明显偏低。与全国平均水平相比，有 15 个省的水平低于平均水平（图 2-26）。

北京是生均教育经费支出最高的省份，为 87039.70 元，天津、浙江、内蒙古、西藏的生均教育经费支出也高，超过了 7000 元。生均教育经费支出低于 4000 元的有安徽、河北、辽宁、福建、海南、黑龙江、江西、河南、湖北、重庆、贵州、云南、青海，其中，安徽最低，仅为 28281.30 元。

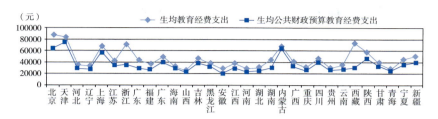

图 2-26　2011 年各省份特殊教育学校生均教育经费支出和
生均公共财政预算教育经费支出对比

（五）加大中西部地区特殊教育财政支持的建议

1. 加大西部地区公共财政预算教育经费投入

尽管我国这几年加大了对西部地区特殊教育学校的经费投入，但是从实际情况看，2011 年我国东部地区的特殊教育学校经费收入基本上是西部地区的 2.4—2.6 倍。

更值得注意的是，东、中、西部地区的国家财政性教育经费收入占教育经费总收入的比例差不多，但是，东、中、西部地区公共财政预算教育经费收入占教育经费总收入的比例差异大，西部地区比东部地区高了十几个百分点，这说明东部地区除了获得政府投入的经费外，可以依靠社会捐赠、事业收入等其他来源增加收入总量。而西部地区特殊教育学校的发展基本依靠政府的投入。这样的投入比例，实际反映了不同地区的经济发展水平。对于西部地区特殊教育学校而言，难以获得社会团体及社会人士的经费支持，因为西部地区社会团体和社会人士不够富裕，所以政府的投入就会对西部地区特殊教育学校的发展产生明显影响。

从实际投入看，西部地区公共财政预算教育经费约为 12.22 亿元，中部地区约为 20.52 亿元，东部地区约为 28.30 亿元（图 2-23）。与中部地区相比，西部地区特殊教育学校还担负着教导更多残疾学生的任务。根据特殊教育学校学生人数和普通学校随班就读残疾学生人数的比例（见第一章），可以推算出西部地区特殊教育学校约有 6.80 万名学生，中部地区有 4.90 万名学生。但是从公共财政预算教育经费看，西部地区比中部地区还少了近 8 亿元。再结合上文讨论的西部地区特殊教育学校的办学条件以及师资水平，可以说西部地区目前仍是国家资源投入最少的地区，与此同时，它又是最需要政府支持的地区。因此，尽管我国近几年加大了对西部地区特殊教育学校的建设力度，但总体而言，这一力度仍不够大。要与中部地区持平的话，政府至少还需要对西部地区投入 8 亿元资金。

2. 中部地区应合理规划和使用特殊教育学校经费

中部地区特殊教育学校生均教育经费支出水平远远低于东部地区和西部地区。这不得不让人思考一个问题：国家对中部地区特殊教育学校的投入水平比西部地区高，为什么中部地区特殊教育学校的生均教育经费支出水平还如此低？尽管中部地区用于学校的基本建设支出占总支出的比例最高（图 2-25），但由于各地区的基本建设支出在总支出中占的比例不高，所以不能完全用中部地区特殊教育学校基本建设支出多来解释其生均教育经费低的原因。

生均教育经费支出是学校经费支出的主要项目，也是反映各地区对残疾学生的支持力度的重要指标。生均教育经费支出属于学校事业性经费支出的一部分，因此，要解决中部地区特殊教育学校生均教育经费支出低的问题，可以从重新调配中部地区特殊教育学校的事业性经费支出项目分配比例着手。项目调整的目的就是要去除一些不必要的支出，提高生均教育经费支出，更合理、有效地使用教育经费。另外，建立特殊教育学校经费使用合理性及效益的评估机制也很重要。通过评估，各地都能够对自己的教育经费使用情况进行合理规划和监督，这有利于督促学校真正地把教育经费"用在刀刃上"。

五、高等特殊教育发展状况

考察高等特殊教育发展情况，目前主要参考录取学生数这一数据。由于残疾大学生就读高等院校有两种形式，一是就读于单考单招的高等特殊教育院校，二是就读于普通高等院校，因此残疾大学生录取人数也分为高等特殊教育院校录取人数和普通高等院校录取人数两大类。

2012 年全国高等特殊教育院校有 20 所，比 2011 年增加 2 所。其中，13 所位于东部地区，4 所位于中部地区，3 所位于西部地区，这些院校主要招收聋生和盲生。全国普通高等院校招收的残疾学生包括盲、聋学生以及肢体残疾学生三类，目前尚未统计招收残疾大学生的普通高等院校总共有多少所。

（一）中部地区残疾大学生录取人数占比最小

2012 年全国共有 8363 名残疾学生被高等教育院校录取。东部地区和西部地区录取人数相差不大。东部地区为 3136 人，占总录取人数的比例为 37.50%；西部地区为 3043 人，占总录取人数的比例为 36.39%；中部地区录取人数最少，仅为 2184 人，占总录取人数的比例为 26.11%（图 2-27）。

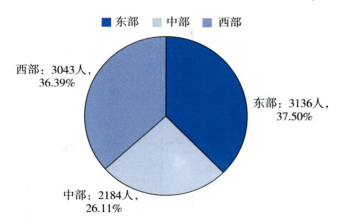

图 2-27　**2012 年东、中、西部地区残疾大学生录取人数对比**

（二）各地区残疾大学生录取人数比较稳定

2010—2012 年，2011 年各地区的高等院校录取人数比 2010 年少，但2012 年各地区的高等院校录取人数又有所增加。总体看，三年间东、中、西部地区高等院校录取的残疾大学生人数变化不大（图 2-28）。

图 2-28　2010—2012 年东、中、西部地区残疾大学生录取人数变化对比

（三）西部地区普通高等院校残疾大学生比例明显高于东部和中部地区

2012 年全国被高等特殊教育院校录取的残疾大学生有 1134 人，占残疾大学生录取总数的 13.56%；被普通高等院校录取的残疾大学生有 7229 人，占残疾大学生录取总数的 86.44%（图 2-29）。就各地区分布情况看，西部地区被普通高等院校录取的残疾大学生人数占本地区残疾大学生录取总数的比例明显高于中部和东部地区：西部地区的比例为 95.83%，中部地区的比例为 84.57%，东部地区为 78.64%。

图 2-29　东、中、西部地区高等特殊教育院校和普通高等院校录取残疾大学生人数对比

（四）中部地区被本科院校录取的残疾大学生比例高于东部和西部地区

2012 年全国被本科院校录取的残疾学生有 3998 人，占残疾大学生录取总数的 47.81%；被大专（高职）院校录取的残疾学生有 4365 人，占残疾大学生录取总数的 52.19%（图 2-30）。就各地区分布情况看，中部地区被本科院校录取的残疾大学生人数占本地区残疾大学生录取总数的比例明显高于东部和西部地区：中部地区的比例为 55.45%，西部地区的比例为 46.89%，东部地区的比例为 43.37%。

图 2-30　东、中、西部地区被专科（高职）和本科院校录取的残疾大学生人数对比

（五）西部地区肢体残疾大学生占残疾大学生总数比例最大

2012 年全国在普通高等院校就读的 7229 名残疾大学生中，肢体残疾大学生有 5809 人，占 80.36%（图 2-31）。就地区分布来看，西部地区招收的三类残疾大学生以肢体残疾大学生为主，占西部地区三类残疾大学生总数的 81.33%；中部地区招收的三类残疾大学生中，肢体残疾大学生占 66.25%；东部地区的肢体残疾大学生人数占本地区三类残疾大学生总数的比例远低于西部地区，为 59.66%（图 2-32）。

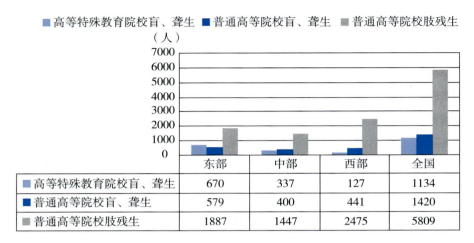

图 2-31　东、中、西部地区录取不同类别残疾大学生人数对比

	东部	中部	西部	全国
■ 高等特殊教育院校盲、聋生	670	337	127	1134
■ 普通高等院校盲、聋生	579	400	441	1420
■ 普通高等院校肢残生	1887	1447	2475	5809

	东部	中部	西部	全国
■ 高等特殊教育院校盲、聋生	22.03	15.43	4.20	13.57
■ 普通高等院校盲、聋生	18.31	18.32	14.47	16.98
■ 普通高等院校肢残生	59.66	66.25	81.33	69.45

图 2-32　东、中、西部地区录取不同类别残疾大学生人数占三类残疾大学生总数比例对比

（六）促进中西部地区高等特殊教育均衡发展的建议

1. 优化特殊教育院校地域分布

在残疾学生中，盲生和聋生主要就读于高等特殊教育院校。2012 年全国共有 20 所特殊教育院校，其中 13 所分布在东部地区，4 所在中部地区，

3所在西部地区。2012年东、中、西部地区录取的盲、聋大学生的人数分别是1249人、737人和568人。中西部地区盲、聋大学生的人数总和已经超过了东部地区。可以说，很多中西部地区的盲、聋大学生要在东部地区学校接受高等教育。

尽管残疾大学生可以选择到东部地区条件更好的高等特殊教育院校就读，但是如此不平衡的高等特殊教育院校分布，可能会影响中西部地区特殊教育的整体发展，也会带来诸多弊端。

首先，高等特殊教育院校设置的专业，主要考虑社会需求、地方特色及残疾大学生就业可能性，受当地经济发展需求的影响很大。残疾大学生在东部地区接受的专业培训，可能不一定有利于其回家乡找到适合的工作。其次，目前高等特殊教育院校采取的是单招单考的形式，这意味着很多残疾大学生在参加高考时要奔赴不同地区。对于中西部地区的残疾大学生而言，他们需要付出更多的时间和精力行走在高考路上，而这些都有可能对他们的考试成绩造成负面影响。最后，高等教育属于消费型教育，如果中西部地区残疾大学生在东部地区上学，势必对其家庭经济造成更大负担。

综上所述，政府未来在投建高等特殊教育院校时，有必要考虑地区的分布。

2. 采取多种途径提高盲生和聋生受高等教育的人数

西部地区残疾大学生人数不少，其中有很大一部分患有肢体残疾，而这些学生基本就读于普通高等院校。西部地区盲生和聋生接受高等教育的人数明显少于东部地区，也少于中部地区。这一情况，可能与两个问题相关：一是西部地区高中教育的质量有待加强，二是西部地区残疾大学生家庭比较贫困，无法支付残疾大学生的高等教育费用。

对于第一个问题，目前最可行的解决途径包括：一是加强西部地区特殊教育学校的教师培训，提高特殊教育教师的教学水平；二是加强特殊教育学校和普通学校之间的教学科研交流活动，使特殊教育学校教师更好地了解学科教育的最新研究成果，使其掌握有效的学科教学策略，进而提高自身的教学水平。对于第二个问题，政府部门要考虑制定相关的支持政策，通过奖学金、助学金、贷款等各种方式，对贫困残疾大学生进行资助。

第三章
中国特殊教育财政发展状况

随着我国社会文明的进步，特殊教育日益受到重视。近年来，各级政府制定的政策向特殊教育倾斜，投入力度明显加大。尽管我国的特殊教育事业在持续发展，但是特殊教育理念落后、发展水平不高、发展不平衡的问题依然存在，特殊教育财政体制滞后的问题日益突出。特殊教育的财政投入严重不足，还未建立起稳定的增长机制，覆盖人群过窄，拨款标准的科学化程度不够。

一、特殊教育财政发展概况

财政投入是特殊教育经费的最主要来源。2001 年，国务院发布的《关于"十五"期间进一步推进特殊教育改革和发展的意见》指出，"坚持特殊教育经费以地方人民政府投入为主的原则，努力增加特殊教育经费。各地要保证特殊教育必需的办学经费，并使特殊教育学校生均财政预算内教育经费、生均公用经费逐年增长。"这进一步明确了地方投入为主、中央投入为辅的特殊教育财政体制。中央对于特殊教育的投入主要采用"特殊教育专项补助经费"的形式。2008 年中央特殊教育专项补助经费为 1200

万元，2012 年增加到 5000 万元，2008—2012 年累计投入 1.2 亿元。① 2012 年，国家启动特殊教育学校建设工程（二期），到 2013 年中央财政共安排资金 16 亿元，重点加强一批特殊教育示范院校、残疾人高等院校、残疾人中等职业院校建设，进一步提升特殊教育学校办学条件、完善特殊教育体系。②

图 3-1 给出了 2000—2011 年我国特殊教育的部分收入来源结构③。社会捐集资经费虽然一直在上升，从 20 世纪初的 3000 万元增长到近 5000 万元，但是由于增幅落后于财政性教育经费的增幅，目前在特殊教育学校总收入中的比例已经从 2.70% 下降到不足 1.00%。

近年来，特殊教育学校普遍实行义务教育阶段甚至高中阶段全免费，学杂费占特殊教育总收入的比例迅速下降，目前已经微乎其微。伴随着我国公共教育财政体制的建立和完善，财政性教育经费占特殊教育总收入的比例不断上升，在 2011 年已经达到 97.0%。

图 3-1　2000—2011 年我国特殊教育部分收入来源

《残疾人教育条例》规定了省级政府统筹本区域内特殊教育事业发展的责任，但是长期以来省级财政对于特殊教育的投入并不高。近年来，随

---

① 教育部，2013. 我国特殊教育事业取得长足进展［EB/OL］.（2013-07-11）［2014-08-12］. http：//www. moe. edu. cn/jyb_xwfb/gzdt_gzdt/s5987/201307/t20130711_154095. html.

② 教育部，2014. 特殊举措助推特教事业发展［EB/OL］.（2014-07-30）［2014-08-12］. http：//www. moe. edu. cn/jyb_xwfb/s271/201407/t20140730/_172531. html.

③ 数据来源为 2000—2012 年的《中国教育经费统计年鉴》。

着中央对于特殊教育日益重视，省级财政投入力度有所加大，众多省份纷纷设立或提高了特殊教育专项①。2013年2月，公开征求意见的《残疾人教育条例（修订草案）》第三十七条规定："国务院和省、自治区、直辖市人民政府设立专项资金，专项用于支持特殊教育的发展。"省级政府在特殊教育财政体制中的作用将得到进一步加强。

实际运行中，我国特殊教育管理和投入责任主要由地市、县两级政府共同承担。由于地市财政相对充裕，在"谁举办、谁投入"的原则下，地市属特殊教育学校投入水平普遍好于区县举办的特殊教育学校。随着中西部地区特殊教育学校建设工程的落实，30万人口以上县均建立起特殊教育学校，县级政府在特殊教育管理中的地位将大幅度提高。在财力薄弱的县，新建特殊教育学校的教师编制、财政投入保障面临困难。

虽然我国特殊教育已经形成了"普通学校随班就读和附设特教班为主体，以特殊教育学校为骨干"的办学体制，但是并没有确立与之相匹配的特殊教育经费分配机制。从经费使用上看，绝大部分特殊教育经费用于特殊教育学校。1998—2011年，我国特殊教育学校投入从8.4亿元增加到76.7亿元，略高于同期教育经费增速。特别是2007年以后，特殊教育投入明显加速。2008—2010年，国家共安排专项经费约6亿元用于支持180余所中西部地区特殊学校的建设。② 2010年和2011年，国家共安排41亿元用于支持中西部地区新建、改扩建特殊教育学校。③ 特殊教育学校投入增长了一倍以上，大量经费用于学校基础设施建设和教学仪器设备、康复训练设施和图书资料的购置。2007—2011年，基建支出占比从1.99%增加到9.18%（2010年达到了15.94%），事业费支出中的公用经费支出的占比也从30.25%提高到42.96%（表3-1）。

---

① 以甘肃省为例，2010年以前省本级特殊教育专项经费仅100万，2010年后增加为300万。

② 教育部，2008. 教育部介绍中央扩大内需加快教育事业发展情况 ［EB/OL］.（2008-11-25）［2014-08-12］. http：//www. gov. cn/xwfb/2008-11/24/content_1158311. htm.

③ 新华社，2012. 特殊教育学校建设有章可循 ［EB/OL］.（2012-01-25）［2014-08-12］. http：//news. xinhuanet. com/school/2012-01/25/c_111460369. htm.

表 3-1　1998—2011 年我国特殊教育学校经费支出情况①

年份	全国教育经费支出（亿元）	特殊教育学校经费支出（亿元）	事业费支出（亿元）	公用经费支出		基建支出	
				金额（亿元）	占事业费支出比例（%）	金额（亿元）	占特殊教育经费支出比例（%）
1998	2668.9	8.4	7.5	2.7	36.41	0.6	7.48
1999	3046.8	9.3	8.5	2.9	34.11	0.8	8.98
2000	3524.2	10.7	10.0	3.3	33.29	0.7	6.86
2001	4259.7	13.0	11.9	3.7	30.95	1.1	8.65
2002	5047.9	14.9	14.0	4.2	30.22	0.8	5.68
2003	5733.6	16.4	15.6	4.8	30.72	0.8	5.09
2004	6668.6	19.0	17.9	5.3	29.38	1.1	5.94
2005	7672.4	23.3	22.7	8.3	36.29	1.2	5.01
2006	8688.6	26.2	25.4	8.9	34.93	0.8	3.06
2007	11668.4	29.5	29.0	8.8	30.25	0.6	1.99
2008	13985.7	39.1	37.9	13.8	36.44	1.2	3.02
2009	15923.4	45.7	43.2	14.8	34.34	2.4	5.36
2010	18796.1	67.1	56.4	23.3	41.24	10.7	15.94
2011	23085.8	76.7	69.6	29.9	42.96	7.0	9.18

作为特殊教育主体的普通学校随班就读缺乏经费保障。财政对于普通学校随班就读只有少量投入，主要用于资源教室的建设，还未能建立起普遍的随班就读拨款机制。虽然缺乏全国性的随班就读经费统计数据，但是东部经济发达地区的随班就读经费相对有保障，中西部大部分地区的随班就读专项经费很少，而且不属于常规性的拨款，相当比例的随班就读学校从未得到过随班就读专项经费。

特殊教育经费占全国教育经费总额的比例很小，不到 0.40%，但是从生均教育经费来看，特殊教育投入水平远高于普通教育，基本维持在普通初中生均教育经费的 5—7 倍。② 特殊教育的生均公用经费在大部分年份为普通初

---

① 数据来源为历年《中国教育经费统计年鉴》。支出单位均为亿元，未进行价格指数调整。

② 《中国教育经费统计年鉴》中涉及特殊教育的统计指标未区分初中和小学。各地在落实特殊教育学校经费时，通常参照初中生均标准拨款。因此，本文只比较特殊教育生均经费和普通初中生均经费。

中生均公用经费的6—8倍（表3-2）。2011年全国特殊教育学校生均教育经费为42347元，生均公用经费为16549元，而普通初中生均教育经费为8179元，生均公用经费为2902元。分地区看，可以发现，在生均教育经费本身较高的地区，特殊教育生均经费与普通初中生均经费的比值相对较低，例如北京、天津、上海；在生均教育经费本身较低的地区，特殊教育生均教育经费与普通初中生均经费的比值相对较高，例如云南、广西、贵州（表3-3）。

表3-2　全国特殊教育学校和普通初中生均教育经费的比较①

年份	生均教育经费			生均公用经费		
	特教学校	普通初中	特教/初中比	特教学校	普通初中	特教/初中比
2000	7770	1211	6.41	2410	376	6.40
2005	14912	2278	6.55	5281	668	7.90
2010	38958	6528	5.97	13514	2001	6.75
2011	42347	8179	5.18	16549	2902	5.07

表3-3　2011年各省份特殊教育学校和普通初中生均教育经费的比较②

省份	生均教育经费			生均公用经费		
	特教学校	普通初中	特教/初中比	特教学校	普通初中	特教/初中比
北京	87040	37827	2.30	31758	14948	2.12
天津	83789	23107	3.63	22500	7270	3.09
河北	35741	7770	4.60	15129	2856	5.30
山西	26136	7084	3.69	7228	2761	2.62
内蒙古	69952	11684	5.99	24774	3854	6.43
辽宁	33352	12007	2.78	8239	4783	1.72
吉林	47041	9555	4.92	17535	3264	5.37
黑龙江	39099	7505	5.21	12605	2282	5.52
上海	68092	25224	2.41	24745	8714	2.84

① 数据来源为历年《中国教育经费统计年鉴》。支出单位为元，未进行价格指数调整。
② 数据来源为历年《中国教育经费统计年鉴》。支出单位为元，未进行价格指数调整。

续表

省份	生均教育经费			生均公用经费		
	特教学校	普通初中	特教/初中比	特教学校	普通初中	特教/初中比
江苏	43270	13243	3.27	14241	4291	3.32
浙江	71380	13430	5.31	41191	4041	10.20
安徽	28281	7134	3.96	10151	2850	3.56
福建	38648	9662	4.00	16048	3082	5.21
江西	38917	5741	6.78	22656	2449	9.25
山东	33692	9065	3.72	11294	3662	3.08
河南	29405	5550	5.30	13824	2438	5.67
湖北	30341	6525	4.65	9221	1848	4.99
湖南	44628	7883	5.66	19540	2813	6.95
广东	49021	6526	7.51	16956	1897	8.94
广西	42144	6178	6.82	19692	1986	9.92
海南	34593	10182	3.40	13307	4671	2.85
重庆	30804	8050	3.79	12974	2750	4.72
四川	46215	6580	7.02	15493	2071	7.48
贵州	30736	4607	6.67	13427	1663	8.07
云南	35573	6128	5.80	15933	2003	7.95
西藏	73692	10454	7.05	48081	2608	18.44
陕西	59254	8716	6.80	29960	3396	8.82
甘肃	40266	6131	6.57	13147	2072	6.35
青海	28658	13380	2.14	10200	3980	2.56
宁夏	45093	9027	5.00	24555	4308	5.70
新疆	50863	12096	4.20	24534	4833	5.08

图 3-2 和图 3-3 分别给出了 2011 年我国各省份特殊教育与普通初中的生均教育经费比、特殊教育与普通初中的生均公用经费比。统计进一步验证了上述规律，教育经费越充裕的地区，特殊教育与普通教育的生均教育经费比、生均公用经费比都相对较低。但是，特殊教育经费需求有其内

在规律，特殊教育和普通教育的生均经费之间并没有一个固定的倍数关系。研究表明，特殊教育经费通常由学生的特殊需求类型（聋、盲、智障等）、强度（重度、中度、轻度）以及安置方式（普通学校随班就读、特殊教育学校就读）共同决定。从特殊教育和普通教育的生均经费倍数关系来看，我国特殊教育的生均经费投入水平并不算低。我国特殊教育投入的突出问题在于特殊教育财政投入受益面窄以及资源分配不合理（未考虑学生特殊需求类型和强度）。

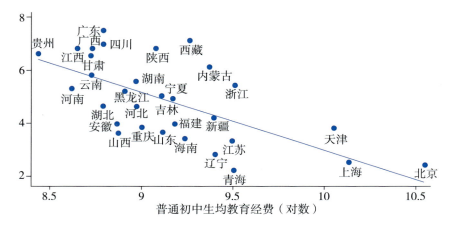

图 3-2　特殊教育与普通初中的生均教育经费比散点图

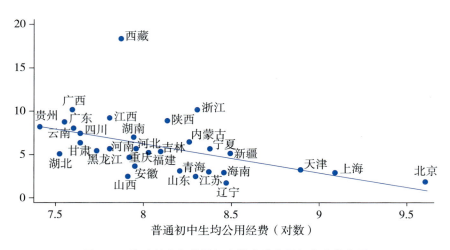

图 3-3　特殊教育与普通初中的生均公用经费比散点图

二、特殊教育财政实践

总体来看，近年来我国特殊教育事业发展较快，中西部地区特殊教育工程新建学校正在逐渐形成招生能力，特殊教育学校教师的特殊教育津贴基本得到保障，教学康复设备不断完善，残疾儿童普遍得到了资助，高中和高等教育阶段规模不断扩大。但是，特殊教育事业在取得显著成绩的同时，依然存在诸多不足。

当前反映比较突出的问题主要存在于以下三个方面：特殊教育教师培训和待遇；特殊教育生均公用经费定额标准；随班就读支持保障体系。针对这三个方面的问题，课题组现场调研了北京、四川、浙江、甘肃、湖南等省份的特殊教育发展情况，走访了调研县市的教育局、残联、特殊教育学校、存在附设特教班和随班就读的部分普通学校。下文将依据调研情况逐一分析。

（一）特殊教育教师培训和待遇

特殊教育教师专业化水平不足会制约我国特殊教育事业的进一步发展。多位特殊教育领域的专家一致认为，决定特殊教育效果的是专业化师资队伍而非设备。以脑瘫学生的康复和教育为例，目前特殊教育界公认的四大设备是梯背架、Bobath 球、滚筒、三角枕。这四个设备简单且并不昂贵，但是使用却非常复杂，针对不同学生需要设计不同的设备使用方案。除此之外，其他设备可视经费充裕程度有针对性地添置。功能教室设备应该根据特殊教育教师的临床实践要求来定制和购买。一般来说，特殊教育所需要的设备小而杂，昂贵的大型设备较少。此外，昂贵设备需要特殊教育教师具备相应的资质，否则很难实现设备的正确使用。

相当比例的特殊教育学校教师是从普通学校教师转岗而来，缺乏从事特殊教育所需的系统训练。虽然大多数转岗教师会参加特殊教育教师培训，但是针对特殊教育师资的专业培训课程往往时间较短，讲授的内容主要是相关的理论、法规和案例，鲜有涉及如何制定个别化教育方案以及方案制定后如何实施等内容。随班就读教师培训的内容通常由如下几方面组成：随班就读的理论介绍、资源教室的功能和运作、个别化教育计划制订与实施、随班就读教育教学原则和对策等。尽管这些培训内容很重要，但是在实际培训过程中，经常让一线教师感觉"过于理论化"，而且也难以将理论转化为教学技能。

特殊教育需求结构的变化进一步加剧了教师专业化不足的困境。传统上，我国特殊教育中盲聋教育的比例较大，特殊教育教师中盲聋教育方向的教师较多。但是近年来，特殊教育学生中智障、孤独症等学生的比例逐渐提高，听障、视障学生的比例不断下降，许多特殊教育教师面临转型。某特殊教育学校（前身是聋人学校）校长介绍，由于聋生数量不断下降，学校开始招收智障和孤独症的孩子。但是，由于教师专业化水平不足，学校不得不拒绝部分重度智障孩子入学。该校一位从聋生教育转向培智教育的中年教师坦言，自己十分渴望教好孩子们，却苦于不知如何教育。

特殊教育教师待遇受到广泛关注。国家规定，特殊教育学校教师、在编正式职工享受特殊教育津贴，特殊教育津贴为基础工资加职务工资或岗位工资之和的15%。各地据此制定实施细则，大部分地区特殊教育津贴比例为15%—30%，最高达到50%。例如，北京、陕西、青海等地的特殊教育津贴比例为25%，广东、新疆为30%，四川、甘肃为15%。值得注意的是，在特殊教育津贴高于国家标准的地区，实行绩效工资改革后，特殊教育津贴普遍下滑。

部分地区的特殊教育津贴根据工作年限进行区分。湖北省2010年规定，专门从事残疾人教育累计满10年的，发给荣誉证书；累计满15年并在残疾人教育岗位退休的，享受的特殊教育津贴计入退休金。海南省三亚市规定，特殊教育教学工作年限不满20年的，按本人基本工资的20%确定特殊教育津贴；连续从事特殊教育工作满20年以上的，按本人基本工资的30%确定特殊教育津贴。

国家层面并没有对随班就读教师岗位津贴提出硬性规定。部分地区对随班就读教师进行了补贴，例如，北京市西城区对随班就读班主任每月补贴50元，对任课教师无补贴；甘肃省兰州市、张掖市均无任何补贴；四川郫县补贴幅度较大，随班就读学生年补贴1000元，主要用于发放班主任和任课教师的补助。在缺乏相关政策的情况下，部分学校将随班就读工作纳入教师绩效工资考核，但是受限于各种压力，补贴幅度较小。

实地调研中，有关特殊教育教师待遇的突出问题主要集中在以下三个方面。

第一，特殊教育津贴纳入退休工资基数。调研学校教师普遍希望，对于从事特殊教育工作满一定年限的退休教师，特殊教育津贴能够纳入退休工资基数。

第二，特殊教育津贴比例。经济发达地区特殊教育学校教师对于特殊教育津贴的期望较高，要求大幅度提高特殊教育津贴；在经济欠发达地区，特殊教育学校教师对于当前特殊教育津贴意见较小，期望能适当提高。西部地区某盲聋学校校长认为 25%（目前为 15%）的特殊教育津贴比例会对稳定教师队伍起到较好的作用；该省另一特殊教育学校党委书记坦言，特殊教育学校通常在城区，地理位置优势再加上 15% 的特殊教育津贴，对教师的吸引力大于农村学校。

第三，随班就读教师岗位津贴。调研中，反映随班就读教师岗位津贴问题的声音并不大。但是比较发现，随班就读教师津贴与随班就读工作开展情况密切相关。四川郫县是课题组调研中随班就读工作开展得最好的地区，随班就读学生补助每人每年 1000 元，主要用于发放班主任和任课教师的补贴。而在认为"随班就读等于随班就'坐'、不适合在当地普及"的地区，均未制定随班就读教师岗位津贴政策。

（二）特殊教育生均公用经费定额标准

少数地区根据办学成本对特殊教育的生均公用经费进行了测算。例如，北京市考虑了日常公用经费、个人小型辅助器械的配备与维护更新、低值康复设备维护与更新、教师特殊教育和康复专业培训费、辅助人员劳务、会议交流费、残奥和特奥体育运动经费共七项。[1] 若以学校、教师、

---

[1] 北京市教育委员会，北京市财政局，2009. 关于调整北京市基础教育特殊教育学校公用经费定额标准的通知 [EB/OL]. (2009-12-21) [2014-08-12]. http://www.51wf.com/law/2141560.html.

学生为项目分解对象，分解结果为：学校固定支出 39800 元、教师 800 元、学生 3874 元。按每校平均 52 名教师、130 名学生计算，测算出生均公用经费定额为 4500 元。

大部分地区特殊教育生均公用经费定额是根据普通义务教育生均公用经费定额的倍数来决定的。各地特殊教育生均公用经费定额差异较大，大部分是普通义务教育生均公用经费定额的 3—10 倍。特殊教育生均公用经费定额标准较高的地区有：河北省（10 倍）、浙江省（10 倍）、广东佛山市（10 倍）、广东省广州市（10 倍）。标准较低的地区有：广西（不足 3 倍）、四川（3 倍）、上海市（2 倍）、云南自贡市（3 倍）、陕西省（不足 2 倍）。①

针对特殊教育生均公用经费定额，比较突出的问题主要有以下三个方面。

第一，各地特殊教育学校生均公用经费定额差异较大，缺乏可靠的测算。即使是相近经济发展水平的地区，特殊教育生均公用经费定额也是差异巨大。

第二，财力薄弱地区的特殊教育生均公用经费定额落实情况较差，特殊教育学校经费高度依赖于专项经费。调研发现，甘肃省规定特殊教育生均公用经费定额为普通初中的 5 倍，但是全省范围内都未能落实这一标准，实际特殊教育生均公用经费定额普遍等同于初中生均公用经费定额。校长不得不花费大量精力用于争取专项经费。随着中西部地区特殊教育工程的实施，中西部地区原有特殊教育学校的专项经费受到一定冲击，虽然不至于影响学校日常运行，但办学条件的改善有所放缓。

第三，随班就读学生的生均公用经费定额缺乏合理的标准。绝大部分地区随班就读学生的生均公用经费定额与普通学校的相同，无法支持随班就读工作的开展；少数地区随班就读学生的生均公用经费定额与特殊教育学校的相同。

（三）不同理念下的特殊教育专项个案分析

以甲县和乙市特殊教育专项为例。

---

① 2012 年陕西省规定，城乡义务教育阶段生均公用经费统一为小学 400 元、初中 600 元、特殊教育学校 700 元。

甲县，位于西南地区某省，经济发展较好，财政能力较强。由于长期以来参与国内外的特殊教育项目，甲县的特殊教育教师队伍得到了锻炼，教育官员树立了融合教育理念，明确提出举办融合教育理念指导下的特殊教育，在政策引导和经费支持方面扮演了积极"推手"的角色，办学成绩得到国内外专家的肯定。

乙市，位于西部地区某省，重工业城市，特殊教育在西部地区处于发展较好的行列。在乙市的调研中发现，教育局官员和特殊教育学校教师对随班就读普遍持质疑态度。他们的主要理由是：普通学校教师缺乏从事特殊教育所需理念、教学技巧和积极性；只有少数学校配备了资源教室；即使在配备资源教室的学校，由于缺乏合格的专任资源教师，资源教室的作用也难以发挥；家庭、社会环境对随班就读的支持不足。

在甲县，课题组得到了不同的反馈。甲县教育局和特殊教育学校对于随班就读的效果持肯定态度，并将指导随班就读以及送教上门等作为特殊教育学校（特殊教育中心）的工作重心之一，甚至进行了将随班就读对象拓展为发展性障碍学生的尝试。①

图 3-4 呈现了两地特殊教育专项经费的用途。乙市特殊教育专项经费100 万，甲县特殊教育专项经费 80 万。乙市的特殊教育专项经费主要用于特殊教育学校办学条件的改善以及特教班或资源教室建设，这两项投入占乙市特殊教育专项经费的 87%。甲县的特殊教育专项经费比较均衡地分布在特殊教育学校办学条件改善和保育人员支出、随班就读补助、资源教室或特教班建设、特殊教育师资培训、送教上门等方面。进一步比较两地特殊教育专项经费的用途，三大差异值得关注。

其一，随班就读学生补助。乙市的专项经费主要用于特殊教育学校（59%），随班就读没有经费支持；甲县的随班就读补助专项占全部专项经

---

① 由于优生优育，近年来普通学校随班就读儿童数量有所下降。为了深化融合教育并充分利用现有的特殊教育资源，甲县特殊教育中心在一所普通学校进行了实验。全校范围内遴选出存在学习障碍的学生 40 多名，每个班级都有 1—2 名存在学习障碍的孩子。受限于学校特殊教育资源存量，学校从 40 多名学习障碍儿童中挑选了 6 名，每周利用资源教室对孩子进行个别化教育。教师们普遍认为孩子在学习、行为方面有了明显进步。

费的31%，几乎与特殊教育学校专项经费并驾齐驱。随班就读补助主要用于发放随班就读任课教师的工作补贴。

其二，特殊教育师资培训。乙市无专门的特殊教育教师培训专项经费，特殊教育专项经费的8%用于特殊教育中心巡回指导和教师培训。甲县安排了4%的专项经费用于特殊教育中心巡回指导，另有13%的专项经费用于教师培训，包含聘请专家集中培训、特殊教育教师专业培训、随班就读教师专业培训、资源教室教师专业培训。

其三，家庭支持。乙市未设立送教上门专项经费。甲县将5%的专项经费用于开展家庭支持。家庭支持专项经费主要用于交通补贴，为不能上学的多重残疾儿童服务，同时也为在校残疾学生提供个别化的家庭支持服务，提升家庭对残疾孩子的教养能力。①

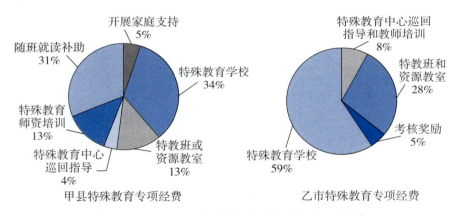

图3-4　甲县和乙市特殊教育专项经费的用途对比②

随班就读效果取决于支持保障体系是否健全。甲县利用上述特殊教育专项经费建立了一个基本的随班就读支持保障体系。首先，通过随班就读补助（31%）保证随班就读工作的开展，解决普通学校随班就读教师的激

---

① 课题组走访了某农村轻度智障学生家庭。孩子母亲也属于轻度智障，由于长期遭受歧视，一度拒绝客人拜访。受惠于特殊教育中心的家庭支持活动，周围邻居对于孩子及其母亲的理解和帮助有所改善，孩子母亲的生活自理能力有所增强，个人、家庭卫生条件改善，并种植了一些经济作物。目前，该生已在当地企业就业，月薪1500元。

② 甲县为2013年预算数（已获批），乙市为2012年执行数。

励问题；其次，通过特殊教育师资培训（13%）提升随班就读教师教学理念和专业化水平；最后，通过开展家庭支持（5%）提高家庭、社会环境对于随班就读的支持力度。

三、特殊教育财政拨款机制存在的问题与政策建议

特殊教育发展模式会受到诸多外部环境因素的制约。例如，在人口密度大的国家，特殊教育学校的安置方式比较容易实现；而在人口密度小的国家，特殊教育学校的安置方式会遭遇交通、成本等诸多方面的困难，政府更倾向于支持普通学校安置。除了人口因素之外，地理环境、历史传统、社会文明水平等因素也会对一国的特殊教育发展模式产生影响。

虽然不同国家的特殊教育对象、安置模式、发展水平各异，但是走融合教育的道路已经成为全球性共识。融合教育的作用是多维度的，不仅是传授特殊需要学生必备的知识和技能，帮助特殊需要学生掌握与普通人交往的技巧，还可以帮助普通学生增强对特殊需要学生的认知、消除歧视。

特殊教育对象的异质性和特殊教育安置方式的多样性，使得特殊教育拨款机制需要更多地考虑特殊教育自身的特点。特殊教育拨款机制会对地方政府、特殊教育中心、特殊教育学校、普通学校、学生家庭等利益相关者形成激励，从而改变特殊教育的供给方式、特殊需要学生的筛查过程、问责和预算控制、家长在特殊教育中扮演的角色以及决策机制等。

（一）特殊教育拨款机制存在的问题

特殊教育对象的确定并不是静态的，从国际经验看，大部分特殊教育发达的国家，如美国、英国、日本等都经历了特殊教育对象从狭义（残疾儿童）向广义（存在各种发展障碍的儿童）的转变。美国特殊教育在发展的初期阶段，基本上以感觉损伤儿童少年，如盲、聋和智力落后儿童少年为主要的特殊教育对象。目前美国特殊教育的对象被定义为有特殊教育需要的儿童，不仅包括孤独症、发展性障碍、特殊学习障碍、智力落后、情

绪和/或行为障碍、言语语言障碍、聋—盲、视力残疾（包括盲）、听力残疾（包括聋）、肢体残疾、其他健康残疾（包括注意力缺陷多动障碍）、多重残疾和创伤性脑损伤等 13 类残疾儿童，也为天才儿童、母语为非英语的儿童等提供特殊教育服务。英国的特殊教育服务也不再强调"残疾"而强调"特殊教育需要"，英国《特殊教育需要者教育法》（Education for Persons with Special Education Needs Act，2004）规定，如果一个儿童有学习困难、需要为其量身定做特殊教育支持，该儿童在法律上就被定义为有特殊教育需要。① 除了明显的学习困难儿童以外，有特殊教育需要的儿童还包括了肢体残疾的儿童、聋童或盲童等，以及那些学习困难表现得并不明显的儿童，诸如学习迟缓的儿童和有情绪障碍的儿童。很多在校儿童在受教育过程中的一些阶段都可能需要特殊教育的帮助。由于特殊教育服务对象的扩大，使欧美等特殊教育发达国家在一定程度上重塑了特殊教育财政拨款机制，更加重视残疾学生的个体需求，瞄准学生个人或家庭的需求、瞄准学校的需求、瞄准学校的任务、瞄准学校的产出等进行拨款。尽管这种拨款方式也存在缺陷，比如特殊教育学生或残疾程度的界定或判定程序复杂，可能使服务对象扩大，从而导致特殊教育经费面临需求不断增加的压力。再比如普通学校中被认定的特殊需要学生人数越多，学校得到的经费越多，就会倾向于尽可能多地认定特殊需要学生以获取经费投入等，当然这样做也有益处，能够使更多有特殊教育需要的儿童享受到便利的特殊教育服务。

我国的特殊教育对象采用了比较狭窄的定义，主要是指残疾人，包括视力残疾、听力残疾、言语残疾、肢体残疾、智力残疾、精神残疾、多重残疾和其他残疾等。在特殊教育对象既定的前提下，我国特殊教育拨款机制需要考虑特殊教育资源在特殊教育对象之间的分配。

目前我国中央层面的特殊教育拨款，主要采用的是瞄准到特定地区的任务拨款机制，用于当地特殊教育学校改建、扩建或新扩建。瞄准到特定

---

① Department for Children，Schools and Families，2005. Education for Persons with Special Educational Needs Act，2004 ［R/OL］.（2005-10-01）［2012-10-18］. http：//www. oireachtas. ie/documents/bills28/acts/2004/A3004. pdf.

地区的拨款，可以尽快帮助财政能力薄弱、存在较大特殊教育需求的贫困县建立起特殊教育学校。任务拨款机制控制了特殊教育规模的过快膨胀，但是也带来了特殊教育机会供给不足的问题。盲、聋、智力残疾三类适龄残疾儿童是我们国家重点关注的群体，也是相对拥有更多教育机会的群体。即使只考虑这三类残疾学生的教育需求，我国的特殊教育规模依然难以满足，孤独症、脑瘫、重度肢残及其他多重残疾儿童的受教育机会就更少了。过去的若干年间，中央层面的特殊教育支出主要是用在了大规模的特殊教育学校建设或教学设备设施的配备上，为我国特殊教育事业的进一步发展打下了坚实基础。随着大规模特殊教育学校建设的结束，支持和保障特殊教育学校发挥好区域特殊教育资源中心的作用、提升随班就读教育质量将成为下一个阶段的工作重心。探索规范、合理的特殊教育财政转移支付体系是实现这一政策目标的必要措施。令人欣慰的是，近年来特殊教育教师培训也开始受到更多的重视，中央政府也加大了特殊教育教师培训的支出。此外，中央还加大了特殊教育康复器材、教学用具等实物的购买力度。实践操作中，特殊教育所需单件高价值的教学康复设备仪器较多，而当前高价值的特殊教育教学康复仪器市场具有卖方垄断性质，因此政府集中采购可以增强需求方的话语权。但当信息不对称或监管不力时，会产生资金使用效率低或购买的设备适用性不强等问题，需要特别注意。

地方政府对学校的特殊教育拨款中，虽然具有一定的需求拨款的成分，但是比例较小，也未考虑到学校特殊需要学生的障碍类别、强度，更大比例的经费采用瞄准特殊教育学校的任务拨款机制。特殊教育学校生均经费定额标准过低，经费高度依赖于专项经费，特殊教育学校校长不得不花费大量精力用于申请各种专项经费。拨款机制不考虑特殊教育学生的障碍类别、强度，虽然避免了"贴标签"行为和教育成本的膨胀，但是也造成了特殊教育学校在招收高成本特殊需要儿童时的回避倾向，部分特殊需要儿童因种种理由被特殊教育学校拒绝，损害了机会优先原则。瞄准特殊教育学校的拨款机制属性，促进了一大批特殊教育学校的新建或办学条件的改善，但是却在客观上阻碍了融合教育的发展。

目前，瞄准特殊教育学校的特殊教育拨款机制带来了一个突出问题，就是作为我国特殊教育主体的随班就读残疾儿童无法得到足够的财政支持以满足其特殊需要。"随班就读和附设特教班为主体、特殊教育学校为骨干"的办学体制可以理解为中国特色的融合教育道路，我国已经走在并将长期走在这条路上，但是，从整体上看，我国的特殊教育财政依然是特殊教育学校财政，并没有形成支持融合教育进一步发展的财政保障机制。对于随班就读，仅有部分地区明确了补助标准，未普遍纳入特殊教育拨款机制。随班就读拨款主要采用的是瞄准学校的任务拨款，主要用于资源教室建设。无论是出于规模经济的考虑，还是受到对特殊需要学生更"友好"的学校的吸引，更多的特殊需要学生正在向少数"具备一定物质条件、随班就读开展较好"的普通学校集中。这一结果从个体层面看是有效的，但是从整体来看，则与融合教育的理念相违背——融合教育不仅仅是针对特殊需要学生，同时也是针对普通学生的教育。当特殊教育学生集中于极少数普通学校时，针对普通学生的融合教育也就无从谈起。具体的随班就读拨款机制需要在短期的教育经费利用效率、教育效果和落实融合教育理念之间进行平衡。

近年来，虽然特殊教育投入不断增加，但是在财力薄弱地区，新增特殊教育投入主要用于新建特殊教育学校以及原有特殊教育学校办学条件的改善。对于特殊教育学校而言，问题主要集中在以下几点：①特殊教育学校教师培训严重不足；②特殊教育教师结构性不足，智障教育师资匮乏；③财力薄弱地区公用经费定额标准的落实存在困难；④特殊教育学校资源中心的作用未能充分发挥；⑤特殊教育津贴的比例偏低。

随班就读是我国特殊教育的主体，是中国特色的融合教育。随着我国融合教育理念的普及，特殊教育必将完成从狭义（残疾儿童）向广义（发展性障碍儿童）的转变，随班就读的主体地位会进一步增强。当前，建立随班就读支持保障体系面临的主要问题是：①随班就读教师培训（尤其是资源教室教师）和教研支持严重不足；②随班就读教师的补贴标准尚未确立；③随班就读学生生均公用经费定额标准不明确；④对大量"非随班就读"但存在障碍的特殊学生的认定和支持不足。

（二）特殊教育拨款机制改革的基本原则与政策建议

"随班就读和附设特教班为主体、特殊教育学校为骨干"的中国特色的融合教育之路，需要融合教育理念指导下的特殊教育财政体制作为支撑，因此有必要对特殊教育财政体制进行调整与修正。国外发达国家特殊教育拨款的原则主要包括：①机会优先原则。优先保障符合特殊教育认定标准却未获得合适教育的特殊需要学生得到特殊教育机会。②纵向公平原则。特殊需要学生在障碍类型、强度上差异巨大，因此，在机制的设计中尤其需要考虑纵向公平原则，让需要更多支持的特殊需要学生得到适合的教育。③分配效率原则。拨款向得到额外支持后教育产出大幅度提高的特殊需要学生倾斜（即使这类学生不属于当前法定的特殊教育对象）。

1. 特殊教育拨款机制改革的基本原则

借鉴国外经验并结合我国特殊教育财政拨款的实际情况，未来我国的特殊教育财政体制改革需要优先考虑以下原则：

第一，以学生为本，贯彻融合教育理念。融合教育是保障所有儿童受教育的权利不会因为个人的特点和障碍而被剥夺、为有特殊需要的儿童提供符合其需要的教育。融合教育要求回归主流的安置方式，要求尊重学生差异，为学生差异化的教育需求提供经费支持。融合教育并不一定就是昂贵的教育，贫困山区的普通学校也可以搞好融合教育。特殊教育财政体制应该促进融合教育而非相反。特殊教育财政体制应置于教育财政体制中而非另起炉灶，构建"融合"的教育财政体制。

第二，注重充足、效率和公平三大原则。财政资源永远都是稀缺的，对于特殊教育充足的考量也需要放在整个公共财政背景下进行。特殊教育财政充足性受到诸多外部因素的影响，特殊教育充足即使不是无法实现也有很长的一段路要走。在此，我们可以考虑一种相对的充足原则：在有限的特殊教育资源分配中，考虑特殊需要学生因为残疾类型、程度和安置方式的不同而产生的所需资源的差异。同时，应当注重提高资源分配效率和使用效率，从地区和社会阶层两个维度促进特殊教育公平。

第三，重视特殊教育财政体制的规范性和长效性。目前，我国特殊教育总量较小，但从国际经验看，随着社会文明的进步，特殊教育的服务对象会从狭义（残疾儿童）向广义（存在各种特殊需要的儿童）转变，投入会大幅度增加。因此，探索具有规范性、长效性、面向未来的特殊教育财政体制，是完善我国公共教育财政体制的必要举措。

第四，坚持特殊教育事业改革同步进行。在事业改革缺位的情况下，财政投入不一定会带来预期的效果。在缺乏严格的特殊教育教师资格准入机制的情况下，大幅度提高特殊教育教师津贴会导致不适宜从事特殊教育事业的人进入特殊教育教师队伍；在专任资源教室教师编制、培训未能完善的情况下，修建资源教室无法发挥有效作用；在随班就读未制订个别教育计划的情况下，随班就读补助不会对提高随班就读教育效果有所裨益。

2. 特殊教育拨款机制改革的政策建议

中央特殊教育财政投入应在现有瞄准地区特殊教育学校的任务拨款机制外，利用人口普查数据中的地区残疾发生率，建立瞄准地区的需求拨款机制。与此同时，优先支持随班就读保障体系建设和特殊教育师资培训，适当提高特殊教育生均公用经费标准；政策覆盖人群以义务教育阶段残疾儿童为准，鼓励财力能够承受的地区试点扩大政策覆盖范围。在遵循上述原则的前提下，提出以下具体政策建议。

第一，对随班就读学生实行学生补助。随班就读补助可主要用于任课教师补贴。随班就读补助经费由中央和地方按比例分担，按照财力状况分省确定。同时，安排随班就读奖励资金，对随班就读工作开展得较好的地区进行奖励。改革的中长期目标是，改变目前普通教育、特殊教育分离的教育财政体制安排，构建融合的特殊教育财政体制，在统一的教育财政背景下考虑资源分配的问题。

第二，增加教师国家级培训计划中的特殊教育教师名额。大幅度增加中小学教师国家级培训计划中用于特殊教育的名额和资金，建立特殊教育教师专业培训、随班就读教师专业培训、资源教室专业教师培训三位一体的特殊教育教师培训体系。

第三，建立资源教室建设和改造的长效机制。要求地方必须配套经过培训的专任资源教室教师。中西部地区的资源教室建设和改造资金由中央和地方共同承担。东部地区的资源教室建设和改造资金主要由地方自行承担，中央根据其财力状况以及建设、改造成效等情况，给予适当奖励。鼓励在不影响随班就读残疾儿童使用的前提下扩大资源教室服务范围，利用资源教室开展针对学习障碍等类型学生的个别化教育。

第四，提高义务教育阶段特殊教育学生公用经费保障水平。考虑到目前各地的特殊教育公用经费水平定额标准差异巨大，应由中央制定全国特殊教育公用经费基准定额。在此基础上，鼓励地方区分特殊教育类型、程度，制定更加合理、更能反映特殊教育需求差异的公用经费定额标准。

第五，巩固和完善特殊教育教师工资保障机制。中央在现行转移支付体制内，对中西部地区及东部部分地区的特殊教育教师工资经费给予支持和保障。鼓励地方政府在确立严格的特殊教育教师资格准入条件的前提下，适当提高特殊教育教师津贴。

第四章

地方特殊教育发展模式和经验

世界各国都把残疾儿童教育视为公平、人权、正义等社会价值观的体现，把残疾人教育作为本国教育基本公共体系的一部分。我国政府也非常重视特殊教育的发展，积极构建特殊教育基本公共服务的发展体系，把发展特殊教育当作保基本、兜底线、促公平的"托底工程"。《国家基本公共服务体系"十二五"规划》指出，我国实施义务教育阶段和高中阶段教育资助目标人群覆盖率100%的特殊优惠政策。2014年国家颁布的《特殊教育提升计划（2014—2016年）》为中国特殊教育的发展做出了整体规划，指出未来三年将要探索符合中国国情的全纳教育模式，促使残疾儿童少年能够接受适合的教育，平等参与社会生活。特殊教育在继续关注数量和规模发展的同时，更加关注残疾人教育质量的提高，关注残疾人个体的需求与社会的有机融合，为在全球范围内建立没有排斥、没有歧视的全纳教育体系做出贡献。

各级地方政府也以残疾儿童少年义务教育为重点，先后出台了一系列促进地方特殊教育发展的政策，特别是《特殊教育提升计划（2014—2016年）》颁布以后，全国已有31个省、自治区、直辖市人民政府先后出台了特殊教育实施方案，采取了有效的措施和做法，取得了一些成效，同时也积累了很多宝贵的经验，为促进中国特殊教育事业的发展做出了很大的贡献，走出了一条具有中国特色的特殊教育发展道路。

本章从三个层面总结特殊教育的发展经验。一是总结省级、市级、区级三级教育行政部门在推动特殊教育整体发展中的典型做法。山东省以特殊教育学校作为资源平台推动整体特殊教育发展，值得借鉴；浙江省温岭市在残疾儿童随班就读支持保障体系建设方面有其独特做法；河北省石家庄市在建立市级特殊教育工作联席会议制度及推动残疾人职业教育发展方面走在了前面。二是总结教育行政部门与非政府机构合作推动残疾儿童随班就读发展的典型做法。四川省、新疆维吾尔自治区积极探索借助非政府机构的技术力量，试图解决长期以来存在的残疾儿童随班就读质量不高的老大难问题。三是总结梳理特殊教育学校在创新办学模式方面的经验。北京市海淀区培智中心学校不仅在弱智学生职业教育、康复训练方面经验独到，而且在孤独症学生教育领域也颇有建树；重庆特殊教育中心不仅重视学科课程的教育，而且重视体育、音乐及美术等方面的教育，使残疾学生的德、智、体、美、劳都得到了发展。

一、"特教特办"保障残疾儿童少年教育权利

（一）以特殊教育学校为平台促进特殊教育整体发展

山东省是我国特殊学校最多的省份之一，2013 年全省特殊教育学校达 144 所，为促进全省的特殊教育发展起到了骨干和支撑作用。全省人口在 30 万以上的县（市、区）有 132 个，已有 113 个建起了特殊教育学校，其他的 19 个县也大多成立了特殊教育资源中心，目前基本上形成了以特殊教育学校为骨干、残疾儿童随班就读为主体的办学格局。完善特殊教育学校的布局，改善特殊教育学校的办学条件，以特殊教育学校为资源辐射中心和发展平台，对提升全省特殊教育发展水平具有重要作用。

1. 政府主导，制定并实施特殊教育事业发展规划

第一，加强事业规划。山东省组织编制了《特殊教育事业发展规划》，把特殊教育纳入教育事业以及经济社会发展总体规划纲要，通过

一系列工程、项目的实施，将特殊教育事业的任务目标和保障措施落到实处。

第二，建立工作机制。各级政府加大了发展残疾儿童少年义务教育的工作力度，逐步形成了保障特殊教育发展的法律机制、经费筹措机制、扶贫助弱机制、评估督导和表彰奖励机制，使特殊教育事业的发展走上了快速、稳定发展的道路。

第三，落实扶持政策。2003 年下发文件，对全省在特殊教育学校（班）接受义务教育的残疾学生实行"三免一补"（免杂费、免教科书费、免住宿费，补助生活费）政策。各地也采取了不少行之有效的措施，通过助残日募集经费或争取财政拨款，为学生的生活费提供了资助。

2. 加大经费投入，不断改善特殊教育学校办学条件

第一，将特殊教育学校建设纳入当地基建计划，统筹基建投资，安排专项经费用于特殊教育学校，重点支持特殊教育发展项目和建设项目，进一步改善了特殊教育学校的办学条件。2012 年，教育厅出台了《山东省特殊教育学校基本办学条件标准》，为实施特殊教育学校建设工程提供了依据。当年，特殊教育学校基本建设完成投资 7277 万元。

第二，不断加大财政支持力度，积极落实国家扶持政策。2003 年起对全省在特殊教育学校接受义务教育的残疾学生实行了"三免一补"政策。2007 年至 2009 年，省级财政投入 6600 万元，实施了"山东省特殊教育学校教学仪器配备工程"，极大地改善了办学条件。自 2011 年起，特殊教育学校生均公用经费标准由原来的每生每年 1100 元提高到 3000 元，2013 年进一步提高到 4200 元。此外，山东省还不断提高特殊教育专项补助经费，从 2013 年起，省级财政专项补助经费由原来的每年 200 万元提高到 400 万元，重点扶持财政困难县的特殊教育学校建设。积极争取省级彩票公益金项目，2013 年设立"康教结合"实验基地建设项目，三年投入 3000 万元，到 2015 年，在全省建立 30 个"康教结合"实验基地。

3. 重视内涵建设，不断提高特殊教育学校办学水平

第一，积极推进特殊教育课程改革。认真贯彻落实特殊教育学校义务教育课程设置实验方案，加大特殊教育课程、教学和评价制度改革力度，

不断深化特殊教育教学模式、教学策略和方法的研究。加强特殊教育的针对性，继续推行分类教学和个别化教学，注重残疾学生的潜能开发和缺陷补偿，实现教育与康复训练的有机结合，提高残疾学生生活自理、与人交往、融入社会、劳动和就业的能力。编写适合全省的特殊教育地方教材，积极推进特殊教育学校校本课程建设。

第二，加大对特殊教育学校劳动和职业教育的支持力度。经费投入是劳动和职业教育的最大制约因素。各地千方百计帮助特殊教育学校解决劳动和职业教育经费问题。认真贯彻落实国家、省有关政策，拨足公用经费；积极争取财政部门和残联每年安排一定数量的残疾人就业保障金用于特殊教育学校的职业教育。特殊教育学校加大宣传力度，创造条件争取社会广泛捐助。高中阶段的职业教育被纳入当地职业教育管理范畴，保障学生享受国家资助。特殊教育学校还从建立终身教育体系出发，积极关心毕业学生的成长和专业发展，加强跟踪随访，为毕业生的工作和生活提供及时有效的支持。

第三，开展残疾儿童学前教育，努力突破特殊教育的难点。为体现对残疾儿童学前教育的特殊保障，率先在全国提出"实施残疾儿童学前免费教育"；在《山东省特殊教育学校基本办学条件标准》中提出了特殊教育学校附设幼儿园的设计规划、占地、园舍建筑、玩教具配备等有关标准；将残疾儿童学前教育作为一项重要内容纳入省学前教育三年行动计划予以保证，为残疾儿童接受学前教育和康复创设了条件，提高了残疾儿童的入园率。

第四，加快特殊教育信息化进程。加强特殊教育信息化软硬件建设，引导特殊教育学校大力推进信息技术在教学过程中的应用，充分利用国家特殊教育资源库，根据残疾学生的特点积极开展信息技术教育，提高残疾学生信息素养和运用信息技术的能力。进一步办好齐鲁特殊教育网，搭建网络服务平台，共享特殊教育优质资源。

4. 以特殊教育学校为资源平台，提升随班就读的教育教学质量

山东省残疾儿童随班就读工作由点到面逐步展开，一些普通学校根据残疾学生的需求建立了资源教室，为随班就读残疾学生提供了较好的校本资源。在资源教室建设上，随班就读骨干学校都建立了相关制度，设置专门教室，配置专业设备和专业人员对随班就读学生开展有针对性的教育和康复训练。为了给随班就读工作提供及时有效的智力支持，各地普遍建立了"业务指导网络"，设置了专兼职特殊教育教研员，加强了针对性的教学研究。部分区县从当地特殊教育学校选聘了优秀教师或业务干部担任巡回指导教师，定期深入学校，组织筛查鉴定、参加集体备课、指导教育教学和康复训练，较好地发挥了业务指导作用。特殊教育学校在随班就读支持保障体系中起到了非常重要的作用。各地依托市和区县特殊教育学校，充分发挥其人才资源优势，建立健全了市和区县两级培训网络，对随班就读学生的任课教师开展针对性培训。此外，一些特殊教育学校还委派教师到普通学校巡回指导随班就读工作，为普通学校随班就读残疾学生进行教育评估与诊断，确保随班就读残疾学生的教育质量。

5. 加强特殊教育师资队伍建设，提升特殊教育教师专业能力

首先，保障特殊教育师资队伍建设经费。省、市、县三级财政设立专项经费，加大对特殊教育学校教师队伍建设经费的保障力度，建立稳定的特殊教育教师继续教育经费投入机制。因地制宜地建立教师队伍建设发展经费分摊机制，明确省、市、县三级财政承担的费用项目或比例，加强县级统筹管理，确保特殊教育师资培养培训工作形成制度、落到实处。

其次，制定了"十二五"特殊教育教师培训规划，形成省、市、县三级培训网络，通过开展全省骨干教师、新教师、非特殊教育专业教师、随班就读教师培训以及孤独症教育专题培训，促进教师专业化成长。仅2013年，就有1000多名特殊教育教师接受了省级各类培训。山东省积极开展教育部组织的"医教结合，综合康复"实验研究，推选济南市特殊教育中心成为全国首批18个"医教结合"实验校之一，同时，指导烟台、青岛等地积极申报全国第二批实验校。在此基础上，启动省"康教结合"实验项目，积极引导特殊教育学校探索综合康复与教育相结合的途径。

（二）深化"六有四制"促进特殊教育内涵发展①

温岭市是浙江省第一批三个随班就读实验县市之一，起步早，领导重视，随班就读工作制度相对比较健全，经费保障充足，率先提出并实施四档、四区块资源教室建设和大小课堂结合实践。深化"六有四制"，在变革中发展，在发展中创新，在创新中跨越。

1. 深化"六有"策略

温岭市对义务教育阶段残疾儿童少年实行全免费教育，基本实现了残疾儿童教育与普通儿童教育的同步发展，逐渐形成了"特殊教育学校为龙头、随班就读为主体"的格局，确立了"有目标、有组织、有队伍、有制度、有经费、有研究"的"六有"工作策略。

（1）确保方向保障——"有目标"

先后制定了《温岭市特殊教育发展规划》《温岭市随班就读工作三年规划（2008—2011）》《温岭市特殊教育"十二五"规划》等，明确了以义务教育为重点、向两头延伸发展高中阶段教育与早期康复干预的残疾儿童少年教育工作目标。

（2）确保组织保障——"有组织"

成立了市级特殊教育指导中心和市随班就读指导中心，建立起"市教育局——市随班就读指导中心——随班就读实验学校"三级行政管理体系。

（3）确保人力保障——"有队伍"

采用多种教师培训模式，用制度保证每年对特殊教育学校教师、资源教师进修培养，从而形成了"特殊教育龙头学校的骨干教师为指导教师，随班就读学校的任课教师为资源/辅导教师"的两支相对固定且高素质的师资队伍，促进了随班就读工作的开展。

（4）确保制度保障——"有制度"

市人民政府、市教育局先后出台了十多个有关特殊教育的制度或规

---

① 根据温岭市随班就读指导中心提供的材料总结提炼。

定，如《关于开展建立随班就读支持保障体系实验方案》《关于进一步加强我市随班就读工作的通知》《关于进一步加快特殊教育事业发展实施意见的通知》等，有力保障了随班就读工作的健康有序开展。

（5）确保财力保障——"有经费"

目前特殊教育经费已纳入市教育预算，特殊教育经费以财政拨款为主，教育、残联、民政和慈善机构各尽其力，为全市特殊儿童的随班就读教育工作提供了财力保障。温岭市努力做到残疾人就业保障基金用于教育与培训的年度预算达 5%，为 130 万元左右，市级特殊教育专项经费预算为 300 万元左右。随班就读指导中心除了每年得到特殊教育经费拨款以外，自筹基金也达 10 万元左右。

（6）确保科研引领——"有研究"

充分利用浙江省儿童医院康复指导爱心基地和台州市特殊教育研究中心的资源，以课题研究推进随班就读工作。"科研引领，专家介入"是推动随班就读健康持续发展的有力保障。

2. 推进"四制"改革

温岭市随班就读工作是在前进中不断改革创新并完善的，逐步推进了学生双籍制、教师双证制、教育双轨制、评价双向制的"四制"改革。

（1）实施学生双籍制

试行实施学生双籍制，单独建档，即对随班就读学生既保留其普通学校的学籍档案，又为其建立特殊教育学籍档案，坚持残疾学生特殊教育学籍档案与普通学籍档案相区分。在普通教育档案的基础上，为每一位随班就读学生建立特殊教育档案，从身心、德智、行为习惯等多方面对其教育过程进行全面记录，以便更好地掌握随班就读学生的详情，做好督促管理工作。

记录全盘，描绘轨迹。从残疾学生的检测申请开始，就做好学生档案的基础工作。学校填写《需要特殊关爱学生检测申请表》，对学生的健康、认知、注意、思维及记忆等方面的状况进行详细登记，也对学生本人及其家族病史进行客观了解与调查并予以记录。此外，及时填写个人成长档案、教育教学档案、家校联系档案、教科研档案等"四档"，为针对性教育打下基础。

对随班就读学生的学籍实施二级管理。首先,随班就读指导中心对全市的随班就读学校的基本情况表、学校随班就读人员组织表、随班就读学生统计表、需要特殊关爱学生检测申请表、检测结果表及每位随班就读学生的个人电子档案、中小学交接卡等单独建档,实施监督管理,以便市教育局和指导中心及时了解全市随班就读教育教学情况,给予决策指导。其次,随班就读学校对残疾学生的档案进行直接管理,这些档案主要有随班就读学生名册、学生个人成长档案、学习过程档案、家校联系档案、教育教学档案、教科研档案等,尤其注重对学生的个别辅导、心理疏导、身体训练等情况的详细记录。这些档案的建立,一方面使基层学校随班就读工作制度化,另一方面,为一线教师开展随班就读教育工作提供翔实情况,做到针对性强、切入点准。

(2)实施教师双证制

制度建设是打造随班就读品质的前提,队伍建设尤其是双证制是促进随班就读工作内涵发展的关键。经过多年的反复研究实践,温岭市提出并实施了教师双证制,要求教师除了拥有普通教师资格证书外,还必须具有特殊教育资格证书。依托台州市特殊教育研究中心、温岭市随班就读指导中心和浙江省儿童医院爱心康复基地等"两中心、一基地"资源,分别对全市随班就读教师开展多内容、多形式的培训,考试考核合格后取得温岭市特殊教育研究中心颁发的"特殊教育证书",为随班就读教育的质量提高提供基本保障。

(3)实施教育双轨制

首先是搭建平台,解决有些课堂内容不适合随班就读残疾学生的问题。在多年实践经验的基础上,提出并实施"四区域"资源教室建设,即根据残疾学生的实际需要,将资源教室根据其不同的功能划分为不同的区域。第一个区域是接待办公区,主要功能是接待学生及家长,服务于教育教学;第二个区域是知识补偿区,是大课堂教学的延伸和补充,其主要功能是对大课堂教学进行补救,帮助学生及时消化;第三个区域是技能学习区域,是资源教室建设的重点区域,主要功能是让学生掌握一技之长;第四个区域是康复区，主要功能是健体、康复。对资源教室的区域划分，不仅为随班就读学生搭建了合适的教育平台，同时也为普特结合、双轨教育创造了条件。

其次是尽可能做到"大小课堂"有机结合。课堂教师要对随班就读残疾学生另定目标、另作计划，要充分考虑普通"大"课堂与资源教室"小"课堂在内容上的有效衔接，使残疾学生在"大"课堂上产生的困惑能够在"小"课堂上得到及时解决和消化。实施"大小课堂"有机结合，要做到"一个必须"和"五个关系"。"一个必须"是：大小课堂教学必须从备课开始，教师不仅要备教材、备普通学生，更要备随班就读残疾学生；要考虑残疾学生的需求和能力，做到另定目标，另外设计作业。"五个关系"是：要处理好多数学生与少数学生的关系，教学既要面向多数学生，保证重点，也必须注意随班就读学生的教学实施和教学所得；要处理好随班与就读的关系，做到随班不一定随读，随读不一定随班，即内容选择、教学手段、教学场所灵活多样，做到以残疾学生需求为本；处理好动与静的关系，做到一动一静，各尽所能；处理好大课堂与小课堂的关系，做到大小课堂结合；处理好基础知识与技能培养的关系，重视因人施教，培养一技之长，打造随班就读品质，为特殊学生创造发展空间。

（4）实施评价双向制

实施评价双向制，一是评价主体双向化，一方面是一年一次的市人民政府督导室对各校的综合性督导评估；另一方面是市随班就读指导中心一学期一次的对随班就读学校专门的工作评价。双向结合，可以准确地反映学校、老师、学生等多方面的情况。二是评价内容系列化，从评价的内容上来说，强调全面性，突出重点项目的权重分。大的方面有组织管理、办学条件、教育教学工作、教科研工作、档案建设等五大系列；小的方面有备课、课堂教学、作业与评改、课外辅导、大小课堂结合、家长联系、教研活动、论文撰写、课题立项等方方面面，十分具体。通过这些内容的评价，全方位地反映学校、老师所做的工作，调动他们的积极性。三是评价手段多样化，尽量多种手段相结合。既有资料查阅，又有深入课堂听课；既召开领导、教师、学生等不同层面的座谈会，又听取家长的评价；既有学校的自评，也有中心的考核；既看学期最后的集中考评，也看平时学校的业绩。同时，十分注重综合联系督导室与指导中心的两次评价，以便形成合力，做到上下一体、前后一气，促进学校整体工作与随班就读工作的同步协调发展。

（三）政府主导构建"四位一体"特殊教育均衡发展[①]

石家庄市是国务院批准实行沿海开放政策和金融对外开放的城市，是国家发改委批准首批试点建设的智慧城市，也是中小学教育质量综合评价改革国家级实验区。石家庄市特殊教育工作认真贯彻落实《国家中长期教育改革和发展规划纲要（2010—2020年）》《特殊教育提升计划（2014—2016年）》的精神，坚持以全纳教育理念为引领，逐步构建了以随班就读为主体、以特殊教育学校为骨干、以特殊教育资源中心（教室）为支撑、以送教上门和社区教育为补充的"四位一体"的特殊教育工作服务体系，进一步形成布局合理、学段衔接、普职融通、医教结合的特殊教育体系。随着残疾儿童义务教育入学率不断提高、特殊教育师资队伍建设日益优化、特殊教育办学条件得到明显改善，石家庄市特殊教育发展逐步形成了七大特色。

1. 坚持政府主导，创新工作机制

石家庄市建立了特殊教育工作联席会议制度，联席会议成员单位包括教育、发改、财政、人社、民政、卫生、劳动、公安、地税、编办、残联等部门和社会团体，在督促检查各县（市）、区和各部门相关法规政策落实和任务完成情况以及协调解决政策落实中的难点问题等方面发挥了重要作用。各成员单位充分发挥职能作用，对全市适龄残疾儿童少年的健康状况和康复需求开展普查工作，财政部门提供资金支持，教育部门提供场地、组织生源，卫生局安排专业医务人员普查，残联为未办理残疾证的儿童办理残疾证，民政部门将福利机构的残疾儿童纳入普查中，各部门通力合作，齐抓共管，保障普查评检工作的顺利完成。

---

① 根据河北省石家庄市教育局特殊教育工作情况总结提炼。

2. 完善制度举措，强化政策保障

2013 年 3 月，石家庄市政府制定了《关于进一步加快特殊教育事业发展的实施意见》，教育部进行了全文转发，充分肯定了石家庄市大力推进特殊教育事业发展的做法；制定《石家庄市加强残疾儿童少年随班就读管理工作指导的意见》，使随班就读工作逐步走向制度化、规范化；制定《石家庄市推进全国预防和控制出生缺陷工作试点城市建设的实施办法》，提出 6 周岁以上缺陷儿童接受教育的实施细则；制定《石家庄市特殊教育提升计划（2014—2016 年）实施方案》，这是全国第一个地市级特殊教育提升计划文件，在生均经费、随班就读、购买民办特殊教育服务、教师专业发展方面均有创新突破，为健全特殊教育体系提供政策保障。

3. 加强行政管理，提高服务效能

在市级教育行政部门设立了全国首个幼儿教育与特殊教育处，负责管理指导全市幼儿教育与特殊教育工作，要求各级教育行政部门配备相应特教专干，各级教科研室配备 1—2 名专兼职教研员，提升特殊教育工作的科学性。健全分级管理机制，形成市、县（市）区、校（普校与特校）三级管理网络。指导中心对各类学校的特殊教育工作进行检查、指导、考核、评估，履行组织开展特殊教育师资培训、教育科研、教育咨询等业务职能。

4. 实施经费补贴，形成财政保障

石家庄市采取了多种措施确保特殊教育有充足的经费。一是保障生均经费。2013 年起，义务教育阶段特殊教育学校生均公用经费标准不低于每年 1 万元。随班就读学生按生均 5000 元公用经费标准执行，到 2016 年随班就读生均公用经费标准达到每年 6000 元。特教班、送教上门学生按生均 1 万元公用经费标准执行。在有条件的县（市）、区，生均公用经费向特殊教育幼儿园与特殊教育职业学校的残疾学生全覆盖。二是提供补助。对义务教育阶段残疾学生免除所有费用，对享受城市居民最低生活保障政策的学生发放生活补助费，补助标准为小学生每生每年 1000 元，初中生每生每年 1500 元。进一步提高残疾学生资助水平，在"两免一补"的基础上进一步扩大补助范围，提高补助水平。对高中阶段残疾学生实行全免费教

育，并向残疾儿童学前三年全免费教育延伸。三是保障教师待遇。特殊教育学校教师和普通学校承担特殊教育任务的教师，除根据国家和省有关规定享受特教补贴费外，地方政府按其本人岗位和薪级工资之和的25%核定发放特殊教育补助。四是安排特殊教育经费。市财政每年安排特殊教育专项补助经费50万元，县级财政设立特殊教育专项补助经费，明确从残疾人就业保障金中安排5%—8%的资金用于特殊教育学校开展师生及社会成年残疾人的各种职业教育与技能培训。五是扶持民办特殊教育。选择办学品质高、填补公办教育办学类别空白的（如脑瘫、孤独症等）民办特殊教育学校，进行政府购买公共服务的探索实验。对入选学校接收本市户籍残疾学生的，执行生均5000元公用经费标准，采取政府购买服务的方式，所需经费由同级财政负担。

5. 注重科技支持，提供科研服务

依托地方高校，成立了省内第一家市特殊教育资源中心，填补了全省没有专门智评和技术指导机构的空白。该中心是集特殊教育信息通报、资源管理、科学研究、咨询指导等功能于一体的服务型机构，为创建涵盖"残疾儿童发现——报告——诊断——评估——初期安置——随访——实施教育"等环节的完整的特殊教育服务体系贡献力量，为盲、聋、智障、脑瘫、孤独症等残疾学生提供更及时的学前教育、义务教育、高中阶段教育和高等教育全程服务。

6. 深化特殊教育改革，健全特殊教育体系

石家庄市为健全全市的特殊教育体系，扩大残疾儿童受教育机会，采取了多重有效措施。一是扩大特殊教育义务教育阶段规模。完善以随班就读为主体、以特殊教育学校为骨干、以特殊教育资源中心（教室）为支撑、以送教上门和社区教育为补充的特殊教育工作服务体系，不断扩大义务教育规模。各级教育行政部门进一步摸清底数，按类别安置残疾儿童少年入学。加大对市特殊教育学校孤独症教学部的支持力度，逐步满足更多孤独症儿童的入学需求。开展送教上门工作，切实做到"义务教育零拒绝"。开展随班就读提升试点工作，做好残疾儿童幼小衔接。二是积极实施残疾儿童学前教育。普通幼儿园积极创造条件，接收轻度残疾儿童入班

（园）学习，开办融合性幼儿园，探索残疾儿童和普通儿童共同接受学前教育与学前康复的教育模式，对残疾幼儿实施免费学前教育。在市特殊教育学校、鹿泉特殊教育学校、正定特殊教育学校已开设特殊教育幼儿园（班）的基础上，各县（市）、区特殊教育学校试办附属特殊教育幼儿园，实现残疾儿童早期发现、早期诊治、早期康复、早期教育训练。三是发展残疾人高中教育和职业教育。依托市职业教育园区建设的市特殊教育学校将发挥工学一体化优势，重点发展以职业教育为主、普通教育为辅的残疾人高中阶段教育。四是发展残疾人高等教育。市属高等院校创造条件，积极开设适合残疾学生的专业。依托省广播电视大学，开设适合残疾学生学习的专业和课程，促进教育公平和均衡发展。石家庄学院筹备开设特殊教育类本科专业和课程，为石家庄市和河北省特殊教育学校及相关机构培养师资。

7. 打造优质队伍，推进内涵发展

优质的特殊教育教师队伍是提高残疾儿童教育水平的有力保障。石家庄市加强了师资培训，组织部分特殊教育学校校长和教师赴北京、天津、上海等发达地区学习，提升师资素质水平。针对石家庄市特殊教育教师转岗教师多、专业水平低的状况，市教育局在南京特殊教育职业技术学院组织全市特殊教育专任教师200余人进行全员师资培训，特殊教育康复技能骨干教师46人进行专业技能培训，提升特殊教育队伍整体素质。通过开展特殊教育康复技能培训、特殊教育专业能力培训、教材跟进培训、心理培训、绘本培训等多个培训以及举办特殊教育教师素质比赛活动，提升了教师的专业技术。此外，石家庄市注重特殊教育文化的建设。以尊重生命、弘扬人道、传播大爱为方向，以建设优良的校风、教风、学风为核心，开展学校理念文化、形象文化、环境文化、行为文化等建设活动，举办特殊教育学校文化建设研讨会，等等。

二、政府"借力"提升随班就读发展水平

近几年来，我国残疾儿童随班就读发展相对滞后，在普通学校就读的

残疾学生人数逐年减少，导致我国在校残疾学生总数逐年下降。加大对随班就读工作的支持是普及残疾儿童少年义务教育的重要举措之一。四川省和新疆维吾尔自治区位于中西部地区，它们在开展残疾儿童少年教育、开展由政府主导的与其他非政府机构的密切合作、推进残疾儿童随班就读等方面的经验值得借鉴。

（一）统一规划部署完善随班就读支持保障体系

四川省是我国西部地区的重要省份，人口众多。截至 2012 年，四川省在校残疾学生总人数为 44278 人，其中在 113 所特殊教育学校就读的残疾学生仅有 9623 人，在普通学校附设特殊教育中心学习和随班就读的学生为 34664 人，约占残疾学生在校总人数的 79%，大大高于全国 53% 的平均水平。在《特殊教育提升计划（2014—2016 年）》颁布后，四川省召开了特殊教育工作会议，提出在基本普及九年义务教育后，巩固和提高"普九"成果的重点要落到特殊教育这一薄弱环节上，围绕"扩大特殊教育规模、提高特殊教育质量"两个重要任务，不仅要继续发挥特殊教育学校的资源辐射作用，更要加大对残疾儿童随班就读工作的支持力度，从而推动全省特殊教育事业的快速发展。

1. 统一部署、精心布局随班就读实验区工作

四川省在改善特殊教育学校办学条件、加快人口大县新建特殊教育学校步伐的同时，把随班就读作为普及残疾儿童少年义务教育的主要形式和重要途径，全面开展随班就读工作。四川省选择有代表性的县开展建立随班就读工作支持保障体系的实验，树立典型，以点带面，全面推动。首先，出台印发了《四川省残疾儿童少年随班就读实验县（市、区）实验工作方案（试行）的通知》，对加强领导、成立机构、落实人员、建立网络、建设资源教室等提出了具体要求，确定了各个部门的职责，要求实验县加强部门之间的合作，推动实验的开展。四川省试图从根本上解决长期以来随班就读工作存在的随意性大、发展不稳定的问题，通过实验，落实政策、落实经费投入、落实责任，建立特殊教育发展的长效机制，促使全省随班就读工作更加科学化、规范化、制度化。其次，召开全省建立随班就

读工作支持保障体系实验启动会。各市（州）教育局局长、70 万人口以上大县分管县长和县（市、区）教育局长、基础教育科科（处）长、教科所所长参加，专题研究部署随班就读工作，正式启动随班就读实验县的实验。要求各地充分利用普通教育资源，大力发展特殊教育，切实将随班就读工作纳入普通教育的整体规划之中，统一部署，统一要求，统一检查，统一考核。为确保工作落到实处，明确规定了实验的目标和任务、内容和要求以及奖惩办法，并与市（州）和实验县的分管局长签订三级责任书，省、市、县各级教育机构各司其职，协调推进随班就读的发展。

2. 加强过程指导，狠抓关键环节

开展以提高随班就读教育教学质量为核心的"建立随班就读工作支持保障体系"实验，既是一个实践探索的过程，也是对我国特殊教育工作的创新。只有抓住实验关键环节，环环相扣，步步深入，才能达到预期实验效果。

（1）加强人员培训

全省多次组织高规格、大规模的省级培训。如市（州）教育局分管局长、分管科（处）长、特殊教育学校校长参加的特殊教育干部暑期培训班，分期分批、分门别类举办的实验县一线教师培训班等。省级培训内容主要集中在三个方面：一是国家发展特殊教育的法律法规和方针、政策；二是实验的意义、内容要求、目标任务；三是特殊教育理论、基本知识、技能和三类残疾儿童简易筛查方法及教育教学方法和策略等。省级培训后，各实验县组织开展县级二级培训。随班就读教师通过培训，提高了思想认识，初步掌握了特殊儿童筛查鉴定、教育教学策略的基本常识。

（2）搭建支持网络体系

在教育系统内部建立行政管理和教研指导这两个网络是实验工作获得成功的重要保证。为确保随班就读实验工作在行政管理方面和教研方面层层有人抓，层层落实，省教育厅基础教育处、省教科所牵头，督促实验县建立随班就读实验的行政和教研网络，明确行政管理和教研部门各自的责任，落实实验县两个网络的专（兼）职人员。有些实验县在县教科室专门设立专职人员管理全县随班就读科研工作，其主要职责是协助各校开展科

研工作，对各校随班就读工作进行督导，负责部分培训工作、教师考核工作及资源教室管理等。

在各实验县教研网络建设中，县教研室牵头，组织当地特殊教育学校、乡镇中心校的骨干教师，开展调研、培训、教学研究、巡回指导。其中，特殊教育学校主要承担全县的教师培训、业务咨询、教学指导等任务。有的实验县还创造性地建立了由乡镇政府、街道办事处、村民委员会、社区组织的"动员入学网络"，负责动员残疾儿童少年的家长送子女上学，保证残疾儿童少年"进得来"。有的县还建立了家庭、社区、学校相互支持的系统。一些县抓住乡（镇）中心校业务副校长或教导主任这个既能承上启下又相对稳定的中间环节，加强对周围随班就读校的业务管理，开展经常性教研活动。

（3）抓好筛查统计和教育安置等重点环节

筛查、安置是政策性和业务性很强的工作。筛查方法是培训的重要内容。省级培训将由联合国儿童基金会特殊教育项目编印的简易筛查手册和录像带、光盘以及专家的讲座编印成资料，免费发放给实验县学员，要求他们掌握基本筛查办法。

各实验县在实际工作中注重加强部门间的合作，由残联牵头，教育部门、卫生部门配合，依靠学校分村包组，走家串户进行调查，登记造册。为避免扩大化和统计漏洞，多数县先后三次组织力量，全面排查，建立残疾学生学籍档案，基本做到统计数据准确、生源分布清楚，为及时安置学生就读提供了可靠的依据。

各实验县采取"就近入学、方便就读、相对集中"的安置原则，让残疾儿童主要集中在居住地附近的乡镇中心校就读，规定任何普通中小学不得拒绝服务范围内符合条件的残疾儿童少年就读，要求各县的示范中小学、优质幼儿园要带头招收残疾儿童入学入园。

（4）探索资源教室建设

各实验县在当地特殊教育学校建立为全县随班就读服务的资源中心，在乡镇中心学校建立资源教室。目前，四川省在13个实验县中建立了大约80个资源教室，其中6个国家级随班就读实验县建立了36个资源教室。

其中双流县依靠特殊教育学校资源建立"三级资源教室"工作体系。双流的"三级资源教室"体系，无论是在具体教学工作的开展，还是在师资培训、评估方面，都发挥了重大作用。2009 年，双流特殊教育学校正式成立双流县特殊教育资源中心（一级资源教室），挑选双流县不同片区的五所实施随班就读时间比较长、经验比较丰富的普通学校，在各校成立二级资源教室，其他各所学校则成立三级资源教室。一级资源教室承担全县的随班就读业务指导工作，二级资源教室不仅承接一级资源教室的委派、接受一级资源教室的指导，还要负责管理各自管辖片区内三级资源教室的工作。特殊教育资源中心当前最主要的任务是指导各校建立好资源教室、培训随班就读教师、为各方面人士提供咨询、承担随班就读科研任务等。成华小学是拥有二级资源教室的小学之一。该校资源教师的任务主要有：一是根据特殊教育资源中心的安排，定期参与专业培训，比如个别化教育计划、聋生语言训练相关技巧、残疾学生学习需要评估等；二是为本校的教师和残疾学生提供教育服务和咨询，并负责本校教师和下属三级资源教师的培训和指导工作；三是参与随班就读科研工作。

各实验县积极探索资源教室建设，尤其对资源教室的功能、作用、运转制度等方面进行了重点研究。各实验县初步探索和形成了《随班就读班级考核办法》《随班就读教师工作评价》《随班就读课堂教学评价》《随班就读学生综合评价》《资源室管理办法》《资源室工作手册》等一批具有实践操作价值的制度建设资料。

（5）加强实验过程指导

为加强对实验过程的调研、指导，及时发现、研究和解决问题，四川省成立了由教育行政部门、教科研部门、特殊教育学校、残联等部门人员组成的省级随班就读实验技术指导小组。四川省把实验县按地理位置分布划分成四个片区。省级技术指导小组专家分成小组，与四个片区建立相对固定的联系，采取定期与不定期、集中与分散相结合的方式对实验县开展巡回指导，并确保对每个实验县都进行调研、检查和指导。

对专家组反馈的各实验县集中出现的问题，省教育厅制定下发《关于做好随班就读实验的几项具体工作的通知》，提出指导和改进的具体要求。

各实验县还负责承编一期《四川省随班就读实验县工作通讯》，分发交流。实验期间，省教育厅还组织实验县教育局分管局长、科（股）长 20 余人赴江苏、浙江、上海等地学习特殊教育工作经验。

（6）科研引路，突破难点

积极发挥省教育科学研究所对随班就读实验的科研、教研指导作用，公布了一批实用性的研究课题，引导实验工作科研化。"农村随班就读学生劳技教育""普通学校特殊儿童支持体系建立与运作研究""随班就读教育教学评估""盲童融合教育"等一批研究课题取得了初步成效。

3. 提供政策保障，落实经费投入

四川省政府下发的《关于推进特殊教育改革与发展的意见》指出，一是将残疾儿童少年义务教育作为特殊教育事业发展的重点，落实残疾儿童少年义务教育目标责任制；二是设立省级特殊教育专项经费，省、市、县三级残疾人就业保障金的 10% 用于特殊教育的职业教育、就业培训；三是建立和完善残疾儿童少年义务教育助学制度，积极实行"两免一补"政策；四是落实随班就读工作鼓励政策，将特殊教育、随班就读工作纳入对政府有关部门、乡镇、学校的考核内容，将中小学开展随班就读作为评定示范学校、先进单位的重要指标，对承担随班就读实验任务的教师予以相应的经济补贴，并与评选先进、评定职称挂钩。这些政策为实验工作的顺利开展提供了有力的保障。

为保证随班就读实验经费，国家给四川省实验县的专项补助经费 75 万元全部分配到县，四川省为实验工作投入的 165 万元也全部分配到县，市（州）、实验县（市、区）也有相应配套投入。省教育厅还联合省残联等四家单位制定了实验方案，规定：由残联牵头，卫生、教育等部门配合做好筛查、鉴定、摸清底数的工作；卫生部门每学期开展一次对残疾学生的身体检查和康复指导；民政部门协助解决贫困残疾学生生活补助；教育部门负责随班就读规划、就学安置和教育工作，乡镇政府负责宣传动员入学工作。在教育部门内部也明确划分了行政管理与教研部门各自的责任。

4. 向非政府组织"借力"，提升随班就读教师的教学水平

为残疾儿童提供义务教育是政府义不容辞的责任，但并不排斥非政府

组织的辅助与支持。政府与非政府组织有着共同的价值理念，有着互补的职能。政府出台有效的随班就读政策，提供主要的教育经费与设施设备，负责宏观决策与调控，发挥管理体系、组织机构的优势。非政府组织可以带来外地的经验、国际化的视野，发挥自身在经验、技术、理念、资金等方面的优势，辅助培训教师、提供学习资料、提供咨询服务、总结经验等，协助政府推进残疾儿童教育的发展。四川省随班就读实验县积极与非政府组织合作，先后与联合国儿童基金会、英国救助儿童会、美国哈佛大学法律学院等建立合作项目，目的是借助非政府组织在特殊教育专业技术方面的优势，得到教师培训、随班就读资料收集、咨询服务、残疾儿童教育评估等方面的支持与帮助。

不断扩大随班就读规模、保障残疾儿童随班就读教育质量是我国特殊教育相当长时间内的重要任务之一。只有以教育行政部门为主导、普通学校为主体、特殊教育学校为支撑，构建完善的随班就读工作机制和科学的支持保障体系，随班就读工作才能健康发展。

（二）政府主导引领非政府组织积极参与

近几年来，残疾学生随班就读人数逐年下降，其中经济不发达地区随班就读人数下降幅度更大，因此导致在校残疾学生总人数逐年减少。如果再不采取有效措施，到 2016 年"视力、听力、智力残疾儿童少年义务教育入学率达到90%以上，其他残疾人受教育机会明显增加"的总目标就很难实现。新疆维吾尔自治区的经验告诉我们，即使经济落后或欠发达，只要改革创新，多方合作，残疾儿童随班就读仍可以得到较大的发展。

新疆维吾尔自治区是个多民族地区，以农、牧业为主，经济处于欠发达状态。自治区教育厅为了推进全区残疾儿童随班就读的发展，从 2012 就开始与中国残联金钥匙视障教育研究中心（以下简称中残联金钥匙中心）和德国克里斯托弗尔防盲基金会（CBM）密切合作，引进国际全纳教育理念，在乌鲁木齐、克拉玛依、哈密和石河子等地开展促进边疆多民族地区残疾儿童少年"全纳教育支持保障体系建设项目"，有力地推动了全区特殊教育事业的发展。

1. 多部门合作，形成有效的工作运行机制

新疆维吾尔自治区教育厅和中国残联等部门紧密配合，围绕"为残疾儿童教育服务"的共同目标、抛开各自部门利益，积极配合，推进项目实施，双方联合发文、共同督查、合力工作。教育部门发挥主体作用，残联部门积极配合支持，中残联金钥匙中心、克里斯托弗尔防盲基金会、国际和国内全纳教育专家等各方分工合作，从而形成强有力的工作机制和运行体系。

为残疾儿童提供义务教育是政府义不容辞的责任，加强领导是政府与非政府组织合作成功的保障。发展当地残疾儿童教育，政府应该是主角，非政府组织是配角。为推动"全纳教育支持保障体系建设项目"的实施，首先，在自治区教育厅成立项目实施办公室，负责全省项目的整体运行与协调工作，在地市级教育部门成立领导协调小组，教育、残联等各级部门紧密配合、分工合作，形成高效有力的工作运行机制，保障项目各项工作任务扎实有序推进。其次，新疆维吾尔自治区各级教育部门与各级残联协商，挑选并确定乌鲁木齐、克拉玛依、哈密、石河子为实施"全纳教育支持保障体系建设项目"的实验地区，为未来全区整体推动全纳教育的发展提供可资借鉴的经验。

2. 政府出台有效政策，非政府组织提供技术协助

新疆维吾尔自治区为了保障"全纳教育支持保障体系建设项目"的实施，出台了《关于进一步加强残疾人随班就读工作管理的意见》《关于加强特殊教育学校教学工作的指导意见》等政府文件，为项目工作开展提供强有力的政策支持。2014 年出台了《新疆维吾尔自治区特殊教育提升计划实施方案（2014—2016 年）》，对全区的特殊教育发展做出了整体规划和部署，其中对残疾儿童随班就读也做出了具体安排，提出要"全面推进全纳教育，使每一个残疾孩子都尽可能接受合适的教育"，全区三年内要重点实施"四项工程"，其中一项就是"实施随班就读支持保障体系建设工程"，即要支持全区 15 个地（州、市）和 7 个人口较多的县建立特殊教育资源中心，支持承担随班就读学生较多的普通学校设立特殊教育资源教室。此外，到 2016 年，随班就读义务教育阶段生均公用经费按特殊教育学

校生均公用经费 6000 元/年实施。将普通学校资源中心教师、巡回指导教师等纳入特殊教育教师编制等政策，也会对促进全区随班就读工作的开展起到很大作用。

中残联金钥匙中心可以带来外地的经验、国际化的视野，协助政府推进残疾儿童教育的发展。第一，协助政府设计项目整体框架规划、项目资金申请及实施方案制定；第二，负责项目管理、督促和指导；第三，在项目实施中协调解决克里斯托弗尔防盲基金会、自治区教育厅、自治区残联、各项目地区等众多项目合作方的各种事项和困难，督促、跟进项目进展和成效；第四，负责联络来自澳大利亚、英国、印度的国际全纳教育专家，以及中国教育科学研究院、南京特殊教育师范学院、华东师范大学、新疆师范大学、新疆教育学院等国内特殊教育专家提供技术支持与指导，为项目顺利开展做好各项保障工作。

3. 合理规划布局，建立随班就读资源中心

自治区政府根据具体情况，合理规划布局，完善随班就读支持保障体系建设。第一，在新疆师范大学建立省级全纳教育资源中心，并在乌鲁木齐盲校、聋校和培智学校分设省级资源中心的视障、听障、智障分部，主要负责项目地区也包括全区残疾儿童随班就读教师培训与指导及监督检查等工作。第二，在哈密、石河子、克拉玛依的特殊教育学校建立 3 个地市级全纳教育资源中心，辐射、指导、支持各地区普校的随班就读教学。各级资源中心都配置设备、制度上墙、开展巡回指导服务。第三，对试点的普通学校进行无障碍示范改造，优化残疾学生教育与教学环境。各级残联利用自身优势，组织康复师和辅助器具服务团队，为普通学校随班就读的残疾学生提供康复和辅助器具技术服务等，满足残疾儿童的教育与康复需要。

培训随班就读教师是保障随班就读质量的重要举措。中残联金钥匙中心在国际全纳教育专家指导下，按照项目规划设计，与自治区教育厅和残联紧密配合，分层次开展了各级各类大规模的师资和其他人员培训。第一，对新疆师范大学和教育学院的 4 名特殊教育专业教师以及 4 个项目地区中等师范院校的 4 名骨干教师进行培训，使他们掌握一定的特殊教育知识和技能及全纳教育的理念，将全纳教育纳入高等院校的课程建设和教学

计划，从而保证特殊教育专业大学生了解掌握全纳教育知识技能，为本地区未来随班就读的持续发展提供后备力量。第二，对教育和残联的行政人员进行特殊教育相关政策、特殊教育知识和技能等方面的培训，提高他们的特殊教育政策水平，提升他们对全纳教育理念的认识。第三，对挑选出来的优秀骨干教师进行培训，目的是加强他们随班就读教学、巡回指导以及作为二级培训者的技能，使他们能够持续、连贯、系统地参加完各期培训，确保他们的重要作用的发挥。第四，对随班就读普通教师进行开展大规模的二级培训和校本培训、全员培训。分层次、分级别、系统地对相关人员包括本地特殊教育专业院校教师、随班就读骨干教师及随班就读教师等进行培训，可以较好地满足不同人员的需求，保障随班就读的教育质量。

4. 广泛开展宣传，提升公众对残疾人教育的认识

各级教育行政部门与中残联金钥匙中心积极协商，广泛开展特殊教育的宣传活动，比如发动各种媒体，制作广告、板报、宣传册，开展各种活动，在高校、普通中小学、幼儿园、特殊教育学校、社区、街市等场所广泛宣传特殊教育政策及全纳教育理念，使公众对残疾儿童平等享有受教育权利的认识有了很大提高。普通学校通过组织主题班会、写感想、办板报、送温暖等形式广泛宣传全纳教育理念。有关学校还进行了无障碍设施改造，优化随班就读学生教学环境。这些活动使领导、教师和公众的全纳理念从无到有，开始了解、认可、支持残疾儿童享受平等的、有质量的教育的权利。许多教育行政管理者开始以"包容接纳每一名残疾儿童""为了每一位学生的发展"等理念从事残疾人教育与管理等各项工作。

三、创新办学模式提高特殊教育质量

（一）实施残疾儿童教育"零拒绝"[①]

北京市海淀区培智中心学校是一所面向智力障碍学生的公办义务教育

---

① 根据北京市海淀区培智中心学校提供的材料总结提炼。

学校，对辖区内的所有智力障碍学生实行教育"零拒绝"。不仅如此，学校还扩大招生类别，探索招收孤独症、脑瘫等残疾儿童入学，解决这些残疾儿童的义务教育问题。学校以"一切为了孩子的未来"为办学宗旨，以创建一个文明和谐、充满理解与关爱的智障儿童乐园为工作重点，提出"让智障学生享受优质教育，让特教教师形成专业技能，让现代社会实现和谐发展"的办学思想。

1. 学校"零拒绝"，提供优质教育服务

北京市海淀区培智中心学校于 20 世纪 80 年代中后期建立，办学初期只是对智力障碍儿童实施义务教育。随着社会及特殊教育的发展，学校的教育对象从单纯的智力落后儿童扩展到孤独症、言语和语言障碍、多重残疾儿童等多种残疾类型，教育对象的残疾程度也从轻度扩展到中度甚至是重度。从目前在校残疾学生的残疾类别看，有情绪和行为问题的残疾学生占比越来越大，传统的教育教学已经无法满足这些残疾学生身心发展的需要。此外，学校内残疾儿童的个体差异非常大，有些是智力落后学生，有些则是言语和语言障碍儿童，也有些是孤独症儿童及多重残疾儿童，给教育教学带来了巨大的挑战。学校一直秉持"所有孩子都能学习""不放弃每一个残疾孩子"的教育理念，坚持"以残疾学生的需要为中心"，尽可能做到让每一个残疾孩子都能享受平等而优质的教育。学校重视对教职工进行特殊教育知识技能的培训，更加重视对教职工的教育理念和工作态度的培训。目前学校领导和所有教师已经达成共识："残疾并不是不能学习"，只不过是以一种独特的方式学习。特殊教育教师始终坚持不放弃任何一个残疾学生，即使是极重度的多重残疾儿童，也许其不具备学习学科知识的能力，但仍然可以学习与之能力相匹配的知识和技能。所有儿童都能学习。

为了实现教育的有效性，让每个残疾儿童都能在教育中受益，学校采取个别化的教育策略。一方面，学校提供多元化的教育环境。比如，水疗室、沙疗室、感觉统合训练室、评估室、催眠室、宣泄室等专业化的教育训练场所；"幸福"餐厅、棋牌水吧、欢乐岛等休闲场所；可触摸的电子白板、多感觉律动教室等先进的教学资源，都为实现个性化教育提供了设

备保障。另一方面，课程设置个别化。针对学生身心缺陷与自身潜力并存的现状，学校探索开发了"尊重差异、发挥潜能"的个别化教育理念下的课程体系。在课程设置中，尊重特殊儿童的教育需求，通过一般性课程来满足其生理、心理和社会发展的需求，最大限度地开发他们的潜能；通过选择性课程来满足学生的个性化需求，促进他们多方面的发展。学校开设了绘画、舞蹈、瑜伽、表演、足球、篮球、手工等20多个潜能开发课程，在开发智能的同时对其进行治疗。学生最终获益良多，在绘画、体育、音乐表演、手工制作等方面，多次获得国家级、市级、区级的奖励。

为了让那些患有极重度残疾、无法到校学习的学生也同样享受到优质教育，学校不断扩大服务范围，专门组织教师送教上门，风雨无阻；学生的成长需要一个集体的氛围，于是学校开设了"半日班"，学生可以根据自己的需求随时来学校上半天课。目前，学校招收的学生最小的3岁，最大的17岁。"学前教育——义务教育——职业教育"这一连贯的教育体系为智障孩子提供了完整的教育服务。学校所做的一切不仅仅是为了让所有儿童都有学上，更是为了让所有儿童都上好学。

2. 科研管理，引领教师专业成长

学校实行科研管理，鼓励教师参与课题研究，以科研意识组织教学活动。随着社会的发展，在培智学校就读的学生的障碍类别越来越多样化，程度也越来越重，学校对于这些学生的教育、训练以及康复也相应地有所改变，对于教师的要求也随之发生变化。未来的特殊教育不仅仅需要能上好课的教师，更需要专业化的特殊教育专家，这就要求教师们潜心科研，在专业发展上有所突破。学校教师为了顺应发展的形势，积极参与各级各类课题的申报，目前承担了多项国家级、市级、区级规划课题及专业学会课题。每位教师根据自身专长及专业兴趣参与教研活动，形成了人人参与教研的良好科研氛围。

学校坚持以课程开发为重点，成功编写了"智障儿童生活适应能力丛书"，以培养学生生活适应能力为突破口，以养成教育为重点，不断深化课程改革，突破了传统教学思想、教学方式、教学手段的束缚，使教学质量明显提高。该丛书已面向全国发行。学校针对残疾孩子教学开发的评价

系统，填补了国内这一领域的空白，在国际处于领先地位，证明了学校教师的专业水平。随着孤独症儿童比例急剧增加，学校开发并实践了孤独症课程，"个别化教育理念下孤独症儿童课程体系实践研究"获得了北京市第四届基础教育教学成果一等奖，并成功申报了首届国家级基础教育教学成果，获得首届国家级基础教育教学成果二等奖。

教师的专业发展得到了政府及专业部门的认可。学校作为中国教育学会特殊教育分会智力及发展障碍学术委员会主任单位，面向全国多次进行孤独症教育方法及课程的师资培训。教育部 2013 年首届、2014 年第二届全国孤独症师资高研班均由学校承办；学校参与教育部提升计划、中残联孤独症抢救计划中孤独症教育问题的研究工作；2012 年全国孤独症现场会在学校召开；学校还承担了全国培智课程标准的修订工作。

3. 资源共建，促进社会和谐发展

依托学校在人才及设施设备上的优势，为本辖区内 1000 多名随班就读学生提供巡回指导，为这些接受普校融合教育的特殊需求学生提供教育服务。积极开展校级交流，充分发挥资源校作用。学校加大力度，加大投入，创建海淀区特殊教育资源中心，把建设良好的育人环境作为开发教育资源的重要内容，作为提高文明单位创建水平重要内容。随着特殊教育事业的发展，许多普通学校建立了自己的资源教室。海淀区培智中心学校发挥特殊教育资源中心的优势，派出专业的教师给予积极协助，从设计规划到技术指导，乃至学生个案的计划与实施，毫无保留地给予大量的支持，帮助多所小学和中学建立了资源教室。此外，学校还统筹资源，让社会了解残疾人。随着现代社会的发展，以人为本、注重环境的生态化与和谐已成为特殊教育发展的必然趋势。为了实现特殊儿童教育的可持续发展，学校在以下三个方面进行了积极探索：第一，充分利用人力资源，保障特殊儿童的教育生态化，将家长、社区居民以及学生志愿者纳入支持系统；第二，统筹学校资源，为特殊儿童社会实践提供平台，促进特殊儿童的教育生态化；第三，开展系列社区融合活动，促进社会和谐发展。帮助特殊儿童的同时，也在给他人提供受教育的机会。学校一边让智障学生享受优质的教育服务，一边向社会广泛宣传智障教

育，特别是把智障学生带入社会中，不仅使他们得到社会的帮助，更重要的是使我们的社会更具爱心，让人们看到差异的存在，让人们懂得关心帮助，珍惜自己已经获得的一切。

（二）尊重个性促进视力残疾学生全面发展[①]

近十几年来，西部地区特殊教育学校数量增长非常快。截至 2012 年，西部地区有 1055 所特殊教育学校，是特殊教育学校数量增长最快的地区。随着中国经济的发展，特殊教育学校的办学条件得到了一定程度的改善，对提高残疾学生的教育质量起到了非常重要的作用。创新办学、尽最大可能满足残疾学生的需要是所有特殊教育学校需要认真思考的问题。重庆市特殊教育中心在完成学校的改建以后，把学校工作的重点转到了创新特殊教育学校办学特色上，以学生需求和兴趣为中心，促进视力残疾学生全面发展。学校以"挺起胸膛朝前走"为校训，坚持"为每一个孩子的幸福人生奠基"的办学宗旨，从视力残疾学生身心发展的规律出发，以全面发展、尊重个性、开发潜能、补偿缺陷、克服困难、适应生活为培养目标，坚持"义务教育特色化、高中教育品牌化、职业教育优质化"的发展方针，培养视力残疾学生用知识立志，以技能自强；以丰富多彩的活动为载体，帮助视力残疾学生培养特长，发展个性，塑造健康阳光的心态。

1. 开足开好学科课程，提高课堂教学效益

学校以义务教育以课堂为主阵地，开足开好国家规定的特殊教育学校义务教育课程，为学生打下扎实的文化知识基础。为了提高教育教学质量，学校采取了多种措施和途径提高课堂教学的有效性。根据教师教育教学工作的实际需要，学校广泛而深入地开展教师专业基本功、构建有效课堂教学、信息技术与课堂教学整合等专题培训。一是实施"青蓝结对"工程，安排骨干教师和经验丰富的中青年教师带领刚参加工作的新教师，系统地学习课程标准，学习教材教法，帮助新教师更快成长。通过新教师入格课、骨干教师示范课、青年教师优质课等形式，研讨提高盲校课堂教学

---

① 根据重庆市特殊教育中心提供的材料总结提炼。

有效性的方法和手段，提高教师的课堂教学能力。二是通过不同层次的培训，形成覆盖全体专任教师的培训网络，让不同程度的教师都能得到提高，都能够很好地胜任本职工作。通过分阶段、分步骤开展多媒体课件和主题网页制作培训，促进现代信息技术与学科课堂教学的有效整合，进一步提高教师的信息素养，提高教师的信息技术综合应用能力。三是加强与普通教育的交流与互动。聘请区内普通学校优秀教师与学校青年教师一对一结对子，定期开展互相听评课活动，提升教师的课堂教学能力。通过聘请高水平教研员进行现场备课、说课、评课等指导，提高教师的教材钻研能力。四是组织教师参加普通中小学的教学比赛和教研活动，用普通教育课改的新理念、新方法指导盲校课堂教学，借助普通教育改革的理念和成功经验弥补特殊教育的不足。

2. 开设校本课程，培养多种文艺爱好

学校不仅在普通学科课程如数学、语文等上下功夫，而且在特殊课程如定向行走、康复训练、生活适应等上也加大力度，以促进学生的全面健康发展。除此之外，充分调动学校及社会的所有资源，开发研制适合视力残疾学生需要的校本课程，以需求和兴趣为中心，发展学生的个性特长。一是全方位艺术熏陶，培养多种文艺爱好，让视力残疾孩子有不一样的人生。学校充分发挥盲童听觉灵敏的优势，扬长避短，挖掘潜能，发展音乐个性特长。根据不同年龄阶段，开设了器乐、声乐、音乐欣赏等课程，学生可以根据自己的兴趣和发展需求选择相应的课程走班学习。二是组建了陶笛、雅马哈竖笛、葫芦丝、合唱团、管乐团等音乐兴趣社团，聘请专业老师定期对学生进行提高训练。通过音乐校本课程的研发，使视力残疾学生在长期的艺术熏陶训练中形成了良好的音乐素养，同时也很好地发展了艺术特长，性格更加开朗活泼，心态更加阳光向上。三是借助梦想课堂，促进残健交流融合。开展"梦想课堂·小伙伴陪伴日"活动，邀请普通学校的孩子走进特殊教育中心，走到视力残疾孩子中间。在互动交流活动中，特殊教育中心的孩子敞开心扉，接纳友谊，展示才艺，完善自我，用自强不息、乐观向上的精神风貌去感染和鼓舞同龄小伙伴。普通学校的孩子从活动中获得更多关于生命价值的体悟，知恩感恩，珍惜幸福，热爱生

活。通过活动，残健携手，共同进步，共享阳光，共创美好。四是让学生走出去，体验成功的喜悦。学校扬帆管乐团赴北京、上海等地参加各种演出，并开创了盲人首登国际管乐舞台的先河，不仅赢得了掌声，也得到了国内外管乐专家的认可与高度评价，同时也用行动向社会传播着"残疾人只要有机会，是有能力做很多事的"正能量。

3. "锻炼"与"竞技"有机结合，铸就健全的体魄

学校以"健康盲校，阳光少年"为主题，大力开展阳光体育运动。学校根据视力残疾学生的身心特点，自主开发了多种富有盲校特色的体育运动，以弥补学生视觉缺陷，锻炼运动技能，增强身体素质，养成良好运动习惯，以健康的体魄为自立自强奠基。在广泛开展群众性体育活动的基础上，注重项目训练，培养体育人才。盲人田径、门球、乒乓球、足球等项目在各级比赛中获得不错成绩。此外，学校设置了形体矫正训练。因视力残疾，部分学生的形体、动作受到较大影响，行走、坐立都存在较重的盲态，严重地影响日常学习和生活。针对这一情况，学校在2—6年级开设形体矫正训练课，通过韵律操和瑜伽练习，帮助学生挺拔身姿，增强机体的协调性。经过较长时间的坚持训练，学生很好地矫正了驼背、含胸等不良体态，抠眼、甩手等盲态也得到了较好的克服，动作协调性得到明显增强。

4. 向多方平台"借力"，促进教师专业发展

学校着力加强教师队伍建设，不断加大培训力度，努力为教师搭建专业成长的平台。在教师的专业技能培训上，学校坚持三个"注重"，即：注重面向全体，拓宽培训的广度；注重突出专题，增加培训的高度；注重形成能力，拓展培训的深度。学校开展多维培训，整合资源，打好教师成长"整体战"。学校与西南大学、重庆师范大学等本地高校联手，依托中国教育科学研究院、重庆市教育科学研究院、南岸区教师进修学院和校本培训，把教师的培训分为三个层次。一是对非特殊教育专业毕业教师进行专业培训。通过视力残疾儿童心理研究、定向行走培训、触摸图书制作培训、视功能康复培训等，使教师掌握特殊教育专业知识，提高理论水平和专业素养。二是积极争取政策支持，选派骨干教师参加各类提高培训，不

断提高教学能力，充分发挥示范引领作用。三是课题引领，提高素养，打好教师提升堡垒战。教育科研工作是指导学校进行课程改革、提高教育教学质量的重要手段，也是教师提高业务能力、增强业务素质的最好途径。学校坚持实施"科研兴校，科研立校"战略，结合特殊教育现状，从校本研究出发，对美工、体育、音乐教材进行开发，对视力残疾学生的社会实践能力和视功能训练进行研究。学校与重庆市教育科学研究院、西南大学开展合作研究，有 40 多名教师参与了不同级别的课题研究，一大批青年教师在科研中使多年的实践工作经验获得了理性的升华，思维品质得到提升，研究素养得以形成，成长为学校发展的中坚力量。

第五章

中外特殊教育发展比较

由于中外经济文化发展水平、教育体制不同，对残疾人以及特殊教育的认识也不同，这些差异使得不同国家或地区实施的特殊教育政策各有不同，特殊教育所取得的成就也各不相同，因此很难从真正意义上对中外特殊教育的发展水平进行比较，但从国际角度审视我国特殊教育发展水平，可以梳理我国特殊教育存在的问题与面临的挑战，激励我们在努力保持与国际特殊教育发展主流相一致的同时，积极探索具有中国特色的特殊教育发展道路。

一、特殊教育法律内容的比较

世界各国都把残疾儿童教育视为公平、人权、正义等社会价值观的体现。优先发展残疾人的公共教育、保障残疾人平等接受教育的权利是政府教育决策的重要内容和公共财政支持的重点领域。为了保障残疾人的受教育权利，许多国家都以立法的形式确立了特殊教育的基本公共服务性质，并将其纳入政府的职责。据了解，美国、英国、法国、德国、印度、西班牙、日本等国家都出台了专门的残疾人教育法案。本文选取美国和日本分别作为欧美发达国家与亚洲发达国家的代表，与中国进行比较，希望能够为进一步完善我国特殊教育法律体系及法律内容做出贡献。

（一）美国：体系完善、更加强调"平等、融合"

美国是一个注重法制的国家，通常政府会通过各项法律法规来维护和保障残障人士的受教育权利。自 20 世纪五六十年代以来，美国已经颁布了许多重要的法律来维护特殊儿童的受教育权利。在美国的法律体系中，联邦宪法具有最高的法律效力，美国特殊教育的立法都要以此为依据。美国联邦宪法的许多条款对特殊教育的立法和司法活动都有着直接或间接的重要影响。此外，美国各州都有自己的州宪法，州宪法要依据联邦宪法的精神来制定，且州宪法往往比联邦宪法更为详尽。因此，美国联邦宪法保护特殊儿童受教育权利的具体措施往往在州宪法中予以规定。

美国特殊教育法律体系非常完善，在普通教育的法律中就涉及保障残疾儿童教育的内容，如 20 世纪 60 年代颁布的《初等和中等教育法》（The Elementary and Secondary Education Act）指出要设置全国残疾儿童顾问委员会（National Advisory Committee on Handicapped Children），其职责是对特殊教育行政主管、教育署署长及国会议员提供政策性建议，此外，联邦教育署（U. S Office of Education）内要设立残疾人教育局，要拨款补助各州政府来实施残疾儿童的各种特殊教育方案。[①] 美国还颁布了保障残疾儿童教育的专门法律，如《特殊教育法》（Special Education Act，1961）、《残疾儿童早期援助法》（Handicapped Children's Early Assistance Act，1968）、《所有残疾儿童教育法》（The Education for All Handicapped Children Act，1975）等，不仅如此，还相继颁布了《康复法案》（Rehabilitation Act，1973）、《发展性障碍者的辅助与权利法》（Developmental Disabilities Assistance and Bill of Rights Acts，1984）、《残疾人科技辅具法》（Technology-related Assistance for Individual with Disabilities Act，1988）、《美国残疾人法》（Americans with Disabilities Act，1990）等。

---

① 牛滢迪，2013. 美国政府保障特殊教育机会均等的教育法规研究 [D]. 兰州：西北师范大学.

美国早期通常是将那些被鉴定为不同类型的残疾儿童安置到专门的特殊学校或养护机构接受特殊教育或照顾，当时出台的相关特殊教育法律法规也主要以保护残疾儿童的教育权利与教育机会为主要目的，并不要求普通学校和班级必须接纳被鉴定为残疾的学生入学，地方学校官员对于给予残疾儿童与非残疾儿童相同的受教育权不负有法律上的责任。在那个时期，美国曾有一个州的法律甚至规定，普通学校可以拒绝接收那些"身体或精神状况表现难于接受"的儿童入学。不言而喻，这种封闭、隔离式的特殊教育学校安置形式，剥夺了残疾儿童和普通儿童一起生活、学习的机会，对残疾学生回归主流社会非常不利。随着平等、自由和公平观念的推广，"隔离就是不平等"越来越被社会民众所接受，社会不再认为残疾儿童教育是普通学校责任以外的事情，普通学校也不能再以特殊需要儿童不能从传统的普通教育中获益为借口将其驱逐出去，特别是1975年美国颁布了《所有残疾儿童教育法》，标志着美国残疾儿童从此不仅享有受教育权，而且享有与普通儿童一样的在普通教育主流体系中平等接受教育的权利。每个儿童都有在各自学区内就近入学的权利。无论儿童是否有障碍或有何种障碍，学校都无权拒绝儿童入学，而且学校必须为所有儿童包括残疾儿童提供免费、适当、有效的教育。此外，各州教育机构及地方教育部门不能以任何理由、任何形式将残疾儿童驱逐出普通学校。不仅美国普通公立初中和高中要对残疾儿童实施"零"拒绝，即使是公立大学、学院（州、社区）或私立大学或学院，如果接受来自联邦政府或州政府或社区的经费资助（即纳税人的钱）都无权拒绝残疾青年入学，而且要根据残疾学生的需求提供免费的支持和协助。只有在残疾的性质或严重程度使得儿童即使在配有额外的辅助设施设备及辅助人员的支持下，也很难在普通教育班级接受到适合的教育时，才能将其安置在隔离的特殊班级或特殊学校。

此外，法律要求教育部门要为残疾儿童提供相关设施和服务。残疾儿童在普通学校学习的过程中，可能需要额外的支持和服务，教育行政部门或普通学校要为残疾儿童提供保证其接受特殊教育并从中获益所需要的任何相关服务和辅助技术，包括特殊的交通工具、学习所需的特殊设备或用具、无障碍校园环境、特殊教育教师的教育教学服务、专业康复人士的康复服务等。

(二) 日本：强调医疗、教育及救助融为一体

日本早期的特殊教育规范融于普通教育法令之中，1947 年颁布的《学校教育法》规定，各都、道、府、县政府有义务设置专门学校为残疾儿童提供教育，除了设立盲校、聋校外，也需要为其他有身心障碍的儿童如智能障碍、肢残和病弱及多重障碍儿童等设立养护学校，同时还规定在普通小学、初中和高中可为残疾儿童设置特殊班级，从而在法律层面对盲校、聋校、养护学校的教育制度做出规定。此后颁布的《教育基本法》《身心障碍儿童及学生之教科用特定图书之普及促进相关法律》也大多是为了强化残疾儿童享有均等受教育机会的权利。由此可见，日本政府早期实施的特殊教育是按照残障的种类和程度，分别在盲、聋、智障等特殊学校/养护学校或者特殊班级等特别场所进行特殊指导。传统的日本特殊教育观念认为，因为残疾儿童有不同程度和种类的残疾，将残疾儿童编入普通教学班级进行同样的学习指导将难以发挥出他们的正常能力，所以要根据残疾儿童不同的残疾种类和程度给予特别关照，让他们在特殊学校接受到适合其需要的高质量教育。

随着 20 世纪 60 年代国际社会和国际组织积极推动的"让残疾儿童在最少受限制的环境中接受教育"的运动蓬勃发展，日本国内也开始出现了反对将特殊教育隔离在普通教育之外的声浪，随后开始采取了一些特殊教育变革，对轻度身心障碍儿童采用通级指导的方式进行教育。2002 年开始，日本政府给予地方政府灵活决定如何安置残疾儿童的权利。2005 年日本政府通过了加强普通学校支持系统建设的方案。2007 年日本政府修订了《学校教育法》，阐明普通学校为残疾学生提供教育服务的法律责任。2001 年日本将"特殊教育"改为"特别支援教育"，"特殊教育学校"也改为"特别支援学校"。随后颁布的《特别支援教育法》开启了日本特殊教育的新篇章，即改变了长期以来以隔离为主的特殊教育安置体制，走向了逐渐与世界接轨又具有日本特征的特殊教育发展道路。随后日本对特殊教育法

律相继进行修订，扫清了日本特殊教育逐渐向融合教育转变的法律障碍。第一，从法律上阐明了普通学校为有特殊需要教育儿童提供教育的法律义务。第二，通过划拨经费、增加特殊教育教师编制等各种措施，鼓励把残疾儿童整合到普通学校系统中接受教育。第三，迫使特殊需要教育学校拓展功能，为本地区的普通学校提供特殊教育支持与合作。①

日本的特别支援教育是在原有特殊教育基础上加以扩充与改革的，主要内容包括：第一，确立特别支援教育的理念和基本方针，准确把握每一个学生的教育需求，给予每个残疾学生切实的指导和必要的支援。第二，改革盲、聋、养护学校制度，建立对应多种残障类型的特别支援学校。第三，以特别支援学校为中心开展区域性特别支援教育，发挥特别支援教育学校的残疾儿童指导援助功能，为中小学教师提供研修帮助，向残疾儿童提供必要的设施设备。第四，改革中小学特别教育支援体制，对就读于普通中小学的学习障碍、注意力缺陷以及孤独症儿童给予特别指导和教育支援，为就读于特殊班的残疾儿童建立相关机构联合指导的支援体制，以促进普通儿童与残疾儿童的相互理解与交流。第五，改革教师许可证制度，实施"特别支援教育资格证书"制度，以保证特别支援教育的质量。

日本政府认为，特殊教育是个系统工程，需要将医疗、教育及救助融为一体，从而为残疾人提供福利与照顾。如果仅颁布特殊教育相关法律，而没有医疗、就业、救助等其他领域相关法律的支持与配合，则很难为残疾人提供更加完善的综合服务，为此，日本出台了多部不同领域的具体法律并不断及时修订。1993年制定、2004年修订的《残疾人基本法》中"不能以残障为理由歧视、剥夺和侵害残疾人应有权利"的宗旨和促进残疾人的自立以及综合推进残疾人平等参与社会生活的各项政策，是保障残疾人权利的基本法规。此外，日本政府还相继制定了《残疾人福利法》《残疾人教育法》《残疾人雇佣促进法》《残疾人职业训练法》《特殊儿童

---

① 张洪高，2010. 日本全纳教育的实施体系、改革方向及面临的问题［J］. 中国特殊教育（12）：8-11.

抚养补贴法》《残疾人福利协会法》《教师执照法》《教育职员证照法》
《残障者优先调节推进法》和《特别支援学校就学奖励相关法律》等多个
具体领域的法律，形成了较为完备的法律体系。①

（三）中国与美国、日本的比较与分析

中国的特殊教育法律法规根据制定机关和法律形式的不同呈现出两种
形式。第一种：我国有些教育专项法律如《教育法》《义务教育法》等设
有关于特殊教育的条款，对特殊教育有关问题做出了一些宏观规定和论
述。第二种：我国颁布了专项法规《残疾人教育条例》，这是我国第一部
有关残疾人教育的国家专项行政法规；我国颁布了《残疾人保障法》，其
中第三章对残疾人教育问题进行了专门规定。为了推动特殊教育事业的发
展，我国各级教育行政部门为了实施国家有关特殊教育的法律法规，也制
定了一系列有法律法规性质的文件，如解释性质的细则、实施意见等，比
如《关于发展特殊教育若干意见的通知》《特殊教育提升计划（2014—
2016 年）》等。

纵观美国与日本特殊教育事业的发展，除了政府支持和重视之外，还
重视特殊教育法律的制定与不断修订，从而使法律保障不断增强与完善，
而我国仅有一部特殊教育方面的法律，一部有关特殊教育的行政法规，其
余则是大量的行政规章和规范性文件，法律数量不多，级别不高，权威性
不强。与美国、日本等国家相比，我国特殊教育法律法规发展相对滞后，
存在着很多问题。② 第一，体系不完善。到目前为止，我国还没有制定
《特殊教育法》，世界上许多国家和地区都制定并颁布了专项的特殊教育
法，据不完全统计，除了美国、日本以外，英国、德国、西班牙、印度、
韩国及中国香港、中国台湾等国家和地区都或早或晚地颁布了特殊教育
法。我国应该适时出台《特殊教育法》，这样就可以形成以《教育法》为
基本法，以《特殊教育法》为核心，以《残疾人教育条例》及地方性法规

---

① 郝晓岑, 2003. 我国特殊教育发展建设的回顾与反思 ［J］. 中国特殊教育（6）：74-76.
② 郝晓岑, 2003. 我国特殊教育发展建设的回顾与反思 ［J］. 中国特殊教育（6）：74-76.

等为具体实施操作细则的相对完善的法律法规体系。第二，已有的特殊教育法律法规条款用词空泛，原则性表述多，可操作性不强，缺乏强制性条款。第三，缺乏医疗、救助等其他领域法律法规的协调与配合，比如残疾婴儿早期筛查、医疗康复、权利保护及救助救济等领域都还未出台相应的法律法规。

　　总之，我国特殊教育法制建设任重道远，应尽快推进我国《特殊教育法》《促进残疾人融合教育条例》的立法程序，以提高特殊教育在我国公共教育服务中的地位，使我国特殊教育有法可依，真正走上依法治教的轨道。

二、特殊教育行政管理体系的比较

　　各国的特殊教育行政管理体系各有不同。有些国家实施特殊教育与普通教育双轨制管理体制。有些国家则不绝对甄别出残疾儿童，而是依据其对教育教学的需求为其提供适合的教育服务。这些国家认为普通教育体系是残疾儿童必然的教育学习场所，并辅之以特别的教育支持与便利，除非在提供了所有额外支持与辅助的前提下，残疾儿童仍难以获得理想的教育效果，并且其监护人也表示同意，才能考虑将其安置在特殊教育机构中，即使多重重度残疾儿童也是如此。由于各个国家或地区的特殊教育理念不同，残疾学生就读的教育场所也有较大差异，因此其教育行政管理也各有特色。

（一）美国：以需求为导向、行政管理与监督指导两条线

　　美国特殊教育实行联邦政府和地方政府共同承担责任的制度，联邦政府及各州的职责由特殊教育相关法令明确予以规定，各司其职。美国教育部下设的"特殊教育及康复服务办公室"（Office of Special Education and Rehabilitation Services，简称 OSERS）是特殊教育管理的专门机构（图5-1）。

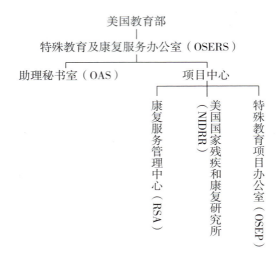

图 5-1 美国教育部特殊教育行政机构设置

在早期，为了保障残疾儿童的受教育权利、落实相关法律的规定与内容，美国设有联邦教育署残疾人教育局、全国残疾儿童顾问委员会，以及由国会授权、联邦政府拨款设立的特殊教育服务中心等，但随着特殊教育的发展，有些机构或特殊教育服务中心的职能随之弱化，便逐渐被取消。总体来说，美国联邦政府通过采取检查相关法律内容和财政拨款补助的方式，从宏观上管理各州的特殊教育。美国特殊教育的经费来自联邦、州和地方财政，其中少部分来自联邦补助，大部分来自各州和地方财政，前者占 8%—10%，后者占 90% 左右，后者中州和地方各占一半，在有些地区，州约占 40%，地方约占 25%，私人捐助约占 25%。[①] 通常，美国教育部是通过将特殊教育项目的形式，将特殊教育的政策性资金划拨给各州教育管理部门。此外，联邦政府还要依法实施对各州特殊教育的督促、检查与评估。联邦政府教育部设特殊教育及康复服务办公室，负责管理和监督特殊教育与相关服务的法律政策及其项目计划的具体执行情况，办公室内部设有指导人员和助理，负责直接上报特殊教育和相关服务情况，并对项目进

---

① 谢敬仁，钱丽霞，杨希洁，等，2009. 国外特殊教育经费投入和使用及其对我国特殊教育发展的启示 [J]. 中国特殊教育 (6)：17-24.

行调控，办公室同时也接受其他志愿服务。2004 年美国联邦政府颁布了《残疾人教育促进法》 （Individual with Disabilities Education Improvement Act，简称 IDEIA-2004）。为了贯彻该法，特殊教育及康复服务办公室制定了 20 项评估指标，以便对各州的实施效果进行检查评估。据悉，从 2012—2013 学年开始，美国教育部特殊教育项目办公室（The Office of Special Education Programs）将不再对各州的特殊教育具体实施情况进行现场监测，而是通过评价年度绩效报告（annual performance reports）和监督财政需求落实情况来履行其法定责任。为了使这项新的政策得到顺利实施，教育部要求各州每年提交一份反映特殊教育成效的报告，教育部将根据该报告的数据以及其他公开的数据对各州的特殊教育发展水平做出评价，并依此给予适当的技术援助。①

美国教育实行的是地方分权的教育行政管理体制，因此各州可以在法律框架下，实施略有差异且适合本州实际情况的特殊教育发展策略。在美国的教育体系中，尽管州政府是教育的真正管理者，有权依法决定学区、学校、教师和学生在教育责任体系中所承担的责任，但有时州政府可以将部分权力委托给地方学区，特殊教育除外。各州政府承担特殊教育的主要责任，直接依法管理、检查、落实本州残疾学生所需要的各项特殊教育相关服务，如为在普通学校学习的听力残疾学生提供手语翻译、对视力残疾学生进行定向行走培训、为残疾学生提供免费交通服务等，并拥有自主的管理权。通常，各州的特殊教育机构由公共教育委员会或其他公共部门依法设立，这些机构和其他相关机构共同负责管理与调控本州中小学教育中的特殊教育及相关服务。以美国马萨诸塞州为例，为了推进特殊教育的发展，该州特殊教育政策和规划办公室依据特殊教育及康复服务办公室的 20 项评估指标，制定了马萨诸塞州长达七年（2005—2012）的特殊教育推进计划（Massachusetts Special Education State Performance Plan，简称 MSESPP），用以贯彻实施联邦特殊教育法的相关内容。

---

① 张永军，2012. 美国特殊教育改革新进展：结果驱动的问责制［EB/OL］.（2012-08-23）［2014-05-06］. http：//www. nies. net. cn/ky/jypl/pl_ywzz/201208/t20120823_306117. html.

美国特殊教育有其独立的监督与管理系统，各州直接向联邦政府的该系统提供落实相关特殊教育法律的反馈信息。问责制是美国特殊教育相关服务管理体制的最大特点，为了保障残疾学生接受有质量的教育，美国教育部 2012 年启动了特殊教育一项新的改革举措——结果驱动的问责制（results-driven accountability）。这项改革措施目的在于通过改变过去只关注遵守法律规定与程序而不关注结果的做法，以消除残疾学生与普通学生之间的学业成绩差距，维护残疾学生接受高质量的教育权利。

（二）日本：从上到下独立设置特殊教育管理与监督体系

日本文部科学省设有初等教育课、中等教育课、职业教育课、特别支援教育课、教科书检定课、教科书管理课等。特别支援教育课与初等教育课、中等教育课并行，指导全国特殊教育的规划、审议事宜（图 5-2）。

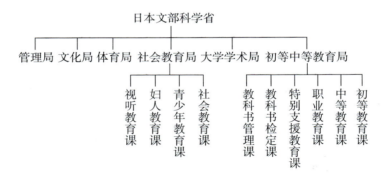

图 5-2　日本文部科学省机构设置

日本各级政府在特殊需要教育体系中承担不同的角色。中央政府的角色是决定基本政策、管理国家特殊需要教育协会；在地方政府中，省级政府（都、道、府、县）负责特殊需要教育学校和普通高中，市级政府负责普通义务教育学校。由于日本 2006 年以后将盲校、聋校、养护学校等特殊教育学校统称为"特别支援学校"，因此在其机构的设置上也将特殊教育改为"特别支援教育"。根据日本 2009 年修订的《文部科学省设置法》及2007 年修订的《地方教育行政的组织及运营相关法律》规定，负责特殊教育的行政机关分为中央与地方两个层级，中央层级为文部科学省初等中等教育局下属的特别支援教育课，地方层级为都、道、府、县及下辖各市、町、村设置的教育委员会，中央与地方分工明确，互相配合，为特殊教育提供严谨有序的管理。总体而言，中央层级是建立全国性规范基准，同时为地方层级提供所需的咨询和协助服务。在地方层级，各都、道、府、县除学校机关人事等部分事务外，主要职责是为市、町、村提供必要的指导、咨询、协助，绝大多数特别支援教育相关事务都由市、町、村层级的行政单位处理、实施。考虑到特别支援教育事项繁杂且多数与普通教育事务重叠，地方层级的特别支援教育行政单位仅掌管部分事务，其余事项仍由各普通教育行政单位处理（表5-1）。[①]

表 5-1　日本文部科学省与地方政府特殊教育的不同职责[②]

文部科学省特别支援教育课	都、道、府、县及市、町、村教育委员会
1. 针对在特别支援学校与特别支援班级接受教育以及在其他教育方面需要特别支援的幼儿、儿童、学生，提供教育振兴的相关企划、法令制定、援助及咨询等相关事宜（排除特别支援学校经营状况的评价和改善事宜）。 2. 前述幼儿、儿童、学生的就学奖励及特别支援教育所需的设备补助相关事宜。 3. 特别支援教育基准设定相关事宜（排除班级编制和教职员编制事项）。 4. 特别支援学校高中部通信教育相关事宜。 5. 针对地方公共团体机关及其他机关，提供特别支援教育方面专业性、技术性的指导与咨询事宜。 6. 特别支援学校的推拿相关学科、物理治疗相关学科及牙齿技工相关学科的认定事宜。 7. 独立行政法人国立特别支援教育综合研究所的组织及运营等一般相关事宜。	1. 第三十条规定隶属教育委员会管辖的学校及其教育机关的设置、管理、废止等相关事宜。 2. 供给学校及其教育机关的财产的管理相关事宜。 3. 教育委员会、学校及其教育机关的职员任免与人事相关事宜。 4. 学龄学生与学龄儿童的就学及学生、儿童、幼儿的入学、转学、退学相关事宜。 5. 学校的组织编制、教育课程、学习指导、学生指导及职业指导等相关事宜。 6. 教科书及其他教材处理相关事宜。 7. 校舍、其他设施与教具、其他设备的准备相关事宜。 8. 校长、教师、其他教育相关职员的研修相关事宜。 9. 校长、教师、其他教育相关职员及学生、儿童、幼儿的保健、安全、福利相关事宜。 10. 教育法人相关事宜。 11. 教育调查、基本统计、其他统计相关事宜。 12. 掌管事务的咨询事宜。 13. 地方公共团体教育事务相关事宜。

① 王康，2011. 日本的特殊教育及其对中国的启示［D］. 吉林：延边大学.
② 王康，2011. 日本的特殊教育及其对中国的启示［D］. 吉林：延边大学.

此外，日本地方的"就学指导委员会"对残疾儿童的就学提供业务咨询决策服务。通常，就学指导委员会由各个领域的相关人员组成，比如，东京就学指导委员会的成员就包括学者、专家、医师、教育人员、福祉人员、残障者团体等（图5-3）。近几年，日本加大了对多重残疾儿童教育的关注。中央教育审议会认为，要建立盲、聋、养护学校与社会福利机构、医疗机构、劳动部门以及其他等有关单位的密切合作，共同开展针对重度残障、多重残障儿童的特别支援教育，因此不仅要求特殊教育学校积极招收重度残障、多重残障儿童入学，也要求教师到残疾儿童所在的家庭、儿童福利机构以及医院走访，对于无法到教育机构接受教育的重度残疾儿童提供"访问教学"。

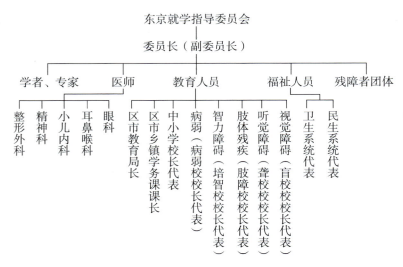

图 5-3 东京就学指导委员会组织结构

（三）中国与美国、日本的比较与分析

我国特殊教育是从中央到地方分工明确的层级式管理体系。[①] 第一，我国设有国务院残疾人工作委员会，主要职能是综合协调机关重要政务、

---

① 彭霞光，等，2013. 中国特殊教育发展报告 2012 [M]. 北京：教育科学出版社：25-26.

事务；负责工作会议的组织安排及议定事项的督办；负责信息、统计、文秘、档案、机要、保密、保卫和机关行政事务等工作。第二，教育部基础教育二司特殊教育处，主要职能是整体规划、贯彻和掌握政府关于特殊教育的工作方针、政策，制定特殊教育的发展规划和有关章程，组织和检查特殊教育事务落实情况，制定各类特殊教育学校的教学计划、大纲，组织编写和审定教材，指导随班就读工作等。此外，2012 年 9 月 10 日，教育部正式成立了特殊教育办公室，其主要职责是：拟定特殊教育的宏观政策和发展规划，组织制定特殊教育的课程方案和课程标准，组织审定义务教育阶段特殊教育教材，指导特殊教育教学工作，统筹规划教育部内相关的特殊教育管理工作。与特殊教育处相比，特殊教育办公室不仅可以实施义务教育阶段特殊教育的管理工作，还可以协调其他司局实施学前教育到高等教育各阶段的教育，也包括职业教育、成人教育、师范教育等各种类型的教育。赋予新设的办公室协调教育部内相关特殊教育工作的职能，有利于调配资源，从全局的、系统的角度开展特殊教育工作。第三，省级及省级以下教育部门基础教育处负责特殊教育的具体落实，省级教育部门在基础教育处配置专职或兼职行政人员管理当地特殊教育事务，主要负责落实教育部颁布的特殊教育文件精神，完成教育部规定的任务，同时根据教育部的文件精神，制定当地特殊教育的发展规划和有关章程，组织和检查当地特殊教育事务落实情况。在部分发达省市的区级、县级教育部门，也配置了人员专职或兼职管理特殊教育事务。此外，除了教育系统外，中国残疾人联合会系统也承担某种特殊教育职能，主要是协助有关部门组织制订和实施残疾人教育工作计划；促进残疾人非义务教育发展，开展残疾人职业教育与培训；负责盲文、手语的研究与推广等。

　　与美国、日本等国家相比，我国特殊教育行政管理体系比较薄弱，尽管教育部设立了特殊教育办公室及特殊教育处负责特殊教育的管理工作，但对于在普通教育体系中就读的几十万残疾学生来说，无论是特殊教育办公室还是特殊教育处都鞭长莫及。此外，残疾儿童的学前教育、高等教育和职业教育等也由于其管理职责不清，成为相对薄弱的领域。教育部内设的各个司（如职教司、体卫司、高教司等）及附设的各个处，既没有明确负责残疾人教育的职能，也没有指定专人负责残疾人教育的相关事务。在这种管理体制下，残疾人学前教育、中等教育、高等教育等在整体规划、学科专业建设、办学资金和条件、师资队伍培养等各个方面，缺乏宏观管理指导和政策扶持，长此以往会影响融合教育的发展，更会影响我国残疾人教育的整体发展。上下对应，大多数省级、市级教育行政部门也只是在基础教育处（科）中有一人兼管特殊教育，而县级教育部门则很少设置特殊教育专职管理人员的岗位。在我国，县级人民政府是义务教育的主要管理机构，也应是残疾儿童义务教育的主要管理机构，因此应该完善县级特殊教育行政管理体系，提高县级政府的特殊教育执行能力。

三、特殊教育财政制度的比较

特殊教育经费的投入和使用直接决定了一个国家特殊教育的发展水平。各国特殊教育拨款机制因特殊教育法定服务对象的界定、经济发展、对特殊教育重视程度的不同而有所不同。特殊教育拨款机制的差异，也可能会对特殊教育发展模式、特殊需要学生的教育水平等产生很大影响。许多国家在构建支持融合教育发展的教育财政拨款机制的过程中积累了丰富的经验。各个国家的特殊教育拨款机制并不是一成不变的，而是会针对不同类型的特殊教育学生执行不同的拨款程序。美国、日本、英格兰等国家与地区的特殊教育拨款实践，可能会对我国的特殊教育发展有所启示。

（一）美国：联邦与地方共同分担、需求拨款

历史上，美国公共教育系统长期忽视残疾儿童的受教育需求。即使在制定义务教育法之后，残疾儿童还是经常因各种各样的理由被排斥在公立学校之外。20 世纪初期的一项统计表明：美国有一半以上残疾儿童没有获得均等的教育机会以及合适的教育服务；100 万名残疾儿童完全被排除在公立学校之外；许多残疾儿童由于其缺陷未被发现而无法获得合适的教育；教师专业水平不足、经费不足、设备不足制约着公共特殊教育的效

果。随着民权运动的发展以及各项保障残疾儿童权利的法律的颁布，美国确立了"为特殊教育提供充足的经费支持"的目标，逐步形成了相对规范的特殊教育财政体制。

美国的特殊教育经费由联邦、州、地方政府共同承担，联邦政府的经费主要用于平衡州际差异，州和地方政府承担向适龄残疾儿童提供特殊教育服务的主要责任。美国特殊教育财政中心报告显示，1999—2000 学年州特殊教育财政投入占全部特殊教育投入的 45%，地方财政投入占 46%，剩余的 9% 由联邦资助。联邦政府的特殊教育经费按照各州 3—21 岁残疾人的人数进行分配。残疾人教育的相关法律规定，联邦政府提供的特殊教育学生生均教育经费要达到普通学生生均教育经费的 40%。1999—2000 学年，美国普通教育生均费为 6556 美元，这意味着联邦政府提供的特殊教育生均经费应达到 2622 美元。然而，该学年联邦政府提供的特殊教育生均经费约为 1127 美元，仅占特殊教育生均经费（12525 美元）的 9%，远低于法律规定。目前，这一目标虽然仍未达到，但正在不断接近中。

州一级政府承担着均衡地区特殊教育发展水平的主要责任，通过给学区的转移支付承担了近一半的特殊教育经费。州的特殊教育拨款方式可以归纳为五种：①基数加增长。增长考虑入学人数、通胀等因素。②比例分摊法。按实际支出的固定比例返还，但是有上限。③人头拨款法。根据学生总数拨款，不考虑特殊教育学生的数量和类型。④学生权重法。区分学生特殊需求的类型、程度、安置方式，给每类特殊教育学生一个权重或者固定的经费。⑤资源消耗法。根据教师数、班级数等确定经费。其中，学生权重法和资源消耗法都可以归入需求拨款。基数加增长法、人头拨款法则可以归入任务拨款。

在全美 50 个州中，超过一半的州的特殊教育转移支付采用需求拨款方式，而学生权重法又是使用最广泛的（有 19 个州采用）。表 5-2 展示了佐治亚州特殊教育拨款的学生权重法的权重设定。学习障碍和语言障碍学生的拨款权重最小，重度智力障碍学生、多重残疾学生等的拨款权重最大。值得注意的是，在普通班级就读的学生的拨款权重低于在特殊教育学校就读的学生的拨款权重。权重并非一成不变，而是会随着教育技术、教学内容、所需设备的变化进行调整。

表 5-2   美国佐治亚州特殊需求学生的拨款权重①

特殊需求的类别	拨款权重
可自足的学习障碍和语言障碍	2.362
轻度的智力障碍	2.763
中度的智力障碍；情绪和行为障碍；无法自足的学习障碍	3.516
可自足的视觉、听觉、肢体障碍和其他健康损害	
重度智力障碍；盲—聋多重残疾；无法自足的听觉障碍	5.696
无法自足的视觉、听觉、肢体障碍和其他健康损害	
属于以上四类但是在普通班级就读	2.436

　　需求拨款方式的优势在于可以提高特殊教育资源分配的针对性，给予高需求学生更多拨款。表 5-3 给出了 1999—2000 学年美国各类特殊教育学生的生均教育经费。从生均水平来看，美国特殊教育学生的经费是普通教育学生的 2 倍左右。这一比值不高，是因为美国特殊教育的服务对象比较广，其中只有少数学生属于高需求类型。美国区分了 13 类特殊教育学生，其中多重残疾学生的生均经费最高，是普通教育的 3.07 倍；学习障碍学生的生均经费最低，为普通教育的 1.61 倍；智障、视障和听障学生的生均经费是普通教育的 2—3 倍②。

表 5-3   美国各类特殊教育生均教育经费（1999—2000 学年）③

项　　目	学生数（万）	生均经费（美元）	与普通教育生均经费的比值
普通教育	—	6556	—
特殊教育平均	615.3	12525	1.91

---

　　①　数据来源为 2005 年佐治亚州特殊教育财政报告（Reconsidering Special Education Funding in Georgia）。

　　②　智障、视障和听障学生是我国特殊教育的主要对象。我国特殊教育生均经费为普通教育学生的 5—7 倍，而美国智障、视障和听障学生的生均经费是普通教育学生的 2—3 倍。这并不说明我国特殊教育经费比美国更加充裕。一方面，随着教育经费的增加，特殊教育与普通教育的生均经费比本来就会下降，这一统计规律已经在前文中得到了验证；另一方面，美国特殊教育的覆盖面远远大于我国，智障、视障和听障学生总数超过 60 万，许多轻度障碍学生也被纳入了特殊教育财政覆盖范围，轻度障碍学生的拨款低于重度障碍学生的拨款，从而拉低了生均教育经费。

　　③　数据来源为美国特殊教育支出研究计划。该计划公布的最近一次全国性抽样调查数据为 1999—2000 学年数据，因此本表数据为该学年数据。

续表

项　目	学生数（万）	生均经费（美元）	与普通教育生均经费的比值
各种学习障碍	280.7	10558	1.61
言语或语言障碍	107.6	10958	1.67
其他健康受损	23.9	13229	2.02
严重情绪障碍	38.3	14147	2.16
肢体障碍	6.6	14993	2.29
智力落后	56.5	15040	2.29
听觉障碍	5.9	15992	2.44
脑外伤	1.2	16542	2.52
孤独症	5.5	18790	2.87
视觉障碍	2.2	18811	2.87
多重残疾	7.9	20095	3.07

　　然而，需求拨款方式也带来了与理论预期一致的负面影响。有些州采取的需求拨款机制激励着地方政府更多地将学生安置在隔离的特殊教育学校。长期以来，纽约州的特殊教育转移支付体系一直采用学生权重法，并在拨款权重中对在特殊教育学校就读的特殊需要学生给予更多的经费支持。这一财政激励导致纽约州的特殊教育学生更多地被安置在隔离的特殊教育学校中，纽约州融合教育的发展落后于美国其他州。21世纪初，纽约州更改了其拨款机制，一个特殊需要学生的拨款基准权重为1.7，而在普通学校就读的拨款权重会比在特殊教育学校就读的拨款权重高出0.5。这一财政激励的变化，使得纽约州的特殊教育安置方式得到了迅速改变，更多的特殊需要学生进入了普通学校就读，极大地促进了融合教育的发展。

　　需求拨款方式的另一影响是不断上升的特殊教育规模和教育成本。需求拨款方式较好地实现了"为特殊教育提供充足的经费支持"的政策目标，但是也导致特殊教育经费占全部教育经费的比例不断提高，越来越多的学生被认定为特殊需要学生。为了控制特殊教育学生规模不断扩张的趋势，一部分州不得不对充足性的政策目标做出妥协，开始从一定程度上转向任务拨款机制，根据学生总数进行拨款而不考虑特殊教育学生数和服务内容。

（二）日本：中央投入占大半、提供就学补助

日本法律规定，残疾儿童少年无论是在普通学校就读，还是在特殊教育学校学习，享有同等的特殊教育待遇，实行全部免费教育，因此日本的特殊教育经费能够得到充分保障并保持相对稳定。2008 年修订的《义务教育费国库负担法》规定，公立学校经费拨付由国库直接负担 50%，地方财政负担 50%。因此，日本的特殊教育经费基本上是国家负责 50%，县、市、町、村负责 50%，而且特殊教育经费要保持适度增长，增长的幅度要大于通货膨胀的增长幅度。[①]

日本残疾学生的教育费用比普通学生的教育费用高，盲校、聋校、养护学校通常可以得到相当于普通学校 9 倍以上的教育费用，特别重度的残疾学生还可以得到更高的财政支持。此外，政府还实施特别补助的特殊教育政策。为了减轻残疾儿童家庭的经济负担，向就读于公立、私立特殊教育机构以及普通中小学特别支援班的残疾儿童家庭提供特别经济支援，以鼓励残疾儿童少年积极就学。通常，残疾学生的住宿、吃饭、交通、耗材及其个人辅助用品用具等，各级政府会承担全部或部分费用。政府不仅会把特别支援教育就学奖励费、补助费等各种补助或资助提供给就读于学前教育机构和高等专科教育阶段等的国立大学法人附属的特别支援教育学校、中小学附属特别支援教育班级的学生，以及就读于普通中小学普通班级的残疾学生，而且会提供给就读于私立特殊教育机构的残疾学生。此外，日本特殊教育经费资助的对象，除了各类残疾儿童少年及其家长以外，相关的特殊教育教师和研究人员等，以及有关特殊教育的调查研究、教学内容改进、教师培训、纪念活动与会议、国际交流、高等特殊教育活动也可以申请特殊补助。

近十几年来，日本政府加大了特殊教育的财政投入力度。2007 年日本文部科学省开始设立特别支援教育项目，特别支援教育就学奖励金是每年

---

① 谢敬仁，钱丽霞，杨希洁，等，2009. 国外特殊教育经费投入和使用及其对我国特殊教育发展的启示 [J]. 中国特殊教育（6）：17-24.

预算最多的一项（表5-4）。此项奖金是根据日本《在特别支援学校就学奖励有关法律》的第二条第四项及第四条规定，秉承教育机会均等的原则，由国家或地方公共团体全部负担或者一部分负担特殊学生的交通费、修学旅行费用、学习用品费、寄宿费等，以此来减轻特殊学生监护人及家庭的负担。此项拨款数额不是一成不变的，而需要根据特别支援学校在籍儿童数量、残障程度等变化进行调整。此项奖金的设立不仅切实推动了日本特别支援教育的发展，最重要的是保证了残障学生接受教育的机会，大大增加了残障学生学习生存技能的可能性，为学生能够实现自立和就业提供了资金上的直接支援。[①]

表5-4　2005—2009年日本特别支援教育相关经费[②]

年份	特别支援教育预算（千日元）	教育总预算（千日元）	特别支援教育预算占教育总预算的比例（%）
2005	138038760	5733271000	2.42
2006	112488192	5132417000	2.19
2007	113300785	5270549000	2.15
2008	116610428	5273869000	2.21
2009	121586456	5281652000	2.30

（三）英格兰：高度分权、人头拨款

20世纪80年代开始陆续出台的教育法案塑造了英格兰现行的特殊教育体制。融合教育理念得到明确树立，特殊教育学校的安置方式只有在普通学校无法达到效果或者特殊教育学生对其他学生存在干扰时才被采用。

1988年颁布的《教育法案》确立了高度分权的特殊教育管理体制。所有的地方教育当局必须承诺实施融合教育，但是实施融合教育的具体做法

---

① 王康，2011. 日本的特殊教育及其对中国的启示［D］. 吉林：延边大学.

② 数据来源于日本文部科学省网站。日本文部科学省，2009. 特别支援教育相关经费［EB/OL］.（2009-06-30）［2012-05-16］. http://www.mext.go.jp/component/a_menu/education/micro_detail/icsFiles/afieldfile/2009/06/30/1279975_017.pdf.

可以根据本地的情况来决定。而大部分特殊教育预算权被进一步下放到学校，学校有权在履行法定责任的前提下自由支配特殊教育经费。

由于特殊教育是按人头拨款，因此特殊教育需要学生的认定非常重要。通常一个特殊需要学生的认定要经过五个步骤。第一步，由普通学校班级老师咨询本校的特殊教育指导教师意见后登记本班存在特殊教育需要的孩子；第二步，特殊教育指导教师负责收集信息，并和特殊需要学生的班级教师沟通；第三步，特殊教育指导教师和普通班级教师得到外部专家的支持；第四步，地方教育当局进行一个综合性的评估；第五步，地方教育当局考虑是否给予其特殊教育学生的身份。特殊需要学生的认定要收集尽可能全的信息，给予一定的灵活性，尊重家长的意愿，并且不应该涉及学生的文化背景。中小学申请认定为特殊需要学生的比例接近 20%，但是只有不到 3% 的学生能被地方教育当局批准。1998 年，英格兰 1229 所特殊教育学校中的绝大部分由地方教育当局举办。全部学生中的 2.9%（大约 10 万人）被认定为特殊需要学生，与 20 世纪 90 年代初相比，提高了近 1 个百分点。整体而言，1.7% 的学生（58% 的特殊教育学生）被安置在普通学校中。但是这一比例在不同学区差异很大，从 0.2% 到 2.4% 不等。

英格兰政府的教育经费拨款机制高度分权化。宏观上，英格兰政府根据学生人数向地方政府分配教育经费，属于需求拨款。虽然英格兰政府对地方政府的教育支出提出了统一的标准，但是实际上地方政府会自主支配教育经费的使用。此外，地方政府向学校分配经费的拨款公式虽然需要英格兰政府通过，但是也由地方政府自主决定。

普通学校和特殊教育学校的财政拨款归属不同的部门负责。地方教育管理部门负责普通学校的拨款，地方特殊教育管理部门负责特殊教育学校的拨款。普通学校的拨款采取一种混合型拨款机制——基本拨款加额外拨款。基本拨款分配的主要依据是根据年龄加权后的学生数，80% 的基本拨款依照这一规则拨付。基本拨款用于满足特殊教育学生在本校内日常特殊教育服务所需的费用支出，而额外拨款用于向校外机构购买服务和教学仪器设备。额外拨款分配取决于一系列的分配标准，如学生成绩、学生家庭社会经济指标以及学校审核通过的特殊需要学生的特征，最终的分配标准由地方政府决定。额外拨款的分配标准是特殊教育拨款机制中争议最多的地方。以学生家庭社会经济指标为例，在统计上，家庭的社会经济背景与特殊教育需求之间存在相关性。虽然这一相关性无法用于识别学校内谁需要特殊教育服务，但是，如果将融合教育的追求理解为让本校所有学生都参与到教育过程中，而不是识别出"有缺陷"的个人，那么这种只是区分学校和学校之间需求差异的一揽子预算分配方案就是合理的。把学生成绩作为拨款标准存在诸多问题，因而使用较少。教育增值法本身有待完善，还没有广泛地运用在教育经费拨款机制中，而要在特殊教育领域评估教育产出更是一件困难的事情。此外，拥有特殊教育班的普通学校会得到一笔额外预算，即使特殊需要学生数下降时，这一预算也会保持稳定。

特殊教育学校拨款的主要依据是核定学生规模，实际上学生规模对于学校经费的影响并不大。不过，当特殊教育学校存在"空位"时，地方政府通常会要求特殊教育学校和普通学校展开合作。有些地方政府则要求特殊教育学校为普通学校的特殊需要学生长期保留"空位"，而普通学校也会为特殊教育学校提供交流的机会，使得特殊教育学校学生有机会在普通学校的班级中上课，使用普通学校的教学资源。

普通学校拨款和特殊教育学校拨款分属不同的管理机构负责，英格兰也没有特殊教育经费的准确统计。根据专家估计，用于特殊教育的经费占全部地方教育经费的 12%—15% 不等。一旦特殊教育经费被拨付给学校（无论是普通学校还是特殊教育学校），学校就可以自由支配，但是，地方教育管理部门会根据法律规定（1993 年和 1996 年的教育法案）对学校校长进行问责。

英格兰审计委员会在 2002 年发现，英格兰学生的需求拨款制为占全部学生 3% 的特殊需要学生服务，超过 40% 的特殊需要学生在特殊教育学校就读，没能有效地促进融合教育实践，大量的资源被用于特殊需要学生认定之类的非教育活动中。

（四）中国与美国、日本、英格兰的比较与分析

我国特殊教育经费最主要的来源是各级政府的财政投入。《残疾人教

育条例》指出，"残疾人教育经费由各级人民政府负责筹措，予以保证，并随着教育事业费的增加而逐步增加。县级以上各级人民政府可以根据需要，设立专项补助款，用于发展残疾人教育。地方各级人民政府用于义务教育的财政拨款和征收的教育费附加，应当有一定比例用于发展残疾儿童、少年义务教育"，并规定了省级政府统筹本区域内特殊教育事业发展的责任，但在特殊教育的实际运行中，基本实施的是"谁举办，谁投入"的原则，因此我国特殊教育的管理和投入责任主要由地（市）、县两级政府共同承担。2001 年，国务院发布的《关于"十五"期间进一步推进特殊教育改革和发展的意见》指出，"坚持特殊教育经费以地方人民政府投入为主的原则，努力增加特殊教育经费。各地要保证特殊教育必需的办学经费，并使特殊教育学校生均财政预算内教育经费、生均公用经费逐年增长"，进一步明确了"地方投入为主、中央投入为辅"的特殊教育财政体制。中央对于特殊教育的投入主要采取"特殊教育中央补助专项资金"的形式。2008 年，特殊教育中央补助专项资金为 1200 万元，2014 年增加到了 4.1 亿元，增长幅度很大。

近几年，我国加大了对残疾学生的资助力度，无论是资助的范围还是资助的额度都越来越大了，基本上在全国范围内实施了残疾学生"两免一补"政策，直接惠及广大残疾儿童少年。此外，国家也实施了"从事残疾人教育的教师、职工根据国家有关规定享受残疾人教育津贴及其他待遇"的特殊优惠政策。

通过对美国、日本、英格兰等国和地区情况的分析可以看出，它们的特殊教育经费投入和使用趋势具有以下几个特点：一是特殊教育经费投入与使用有明确的法律依据；二是尽管各国的特殊教育经费投入和管理体系各有不同，但是对国家、州（省）等不同层次的政府职责均有明确规定，对学校以及个人的权限也有规定；三是特殊教育学校和普通学校共同分享特殊教育财政资源，即特殊教育经费的资助主体日渐从"机构或学校"转到"残疾儿童少年个体"，无论是特殊机构还是普通机构，无论是公立机构还是私立机构，只要能够为残疾儿童提供良好的教育，都可以得到特殊教育的财政支持；四是瞄准残疾学生的需求拨款，家长对残疾学生的教育安置方式等问题享有话语权，享有更大的灵活性，此外，对于残疾程度重的学生，给予更多的特殊教育经费支持；五是瞄准学校的任务拨款，普通学校共同分享指定用于普通学校的特殊教育经费，用于提供固定的特殊教育服务，当需求拨款的瞄准对象为普通学校时，普通学校中被认定的特殊需要学生人数越多，学校得到的经费越多；六是重视特殊教育经费的监督与管理，避免乱用。

比照发达国家和地区的特殊教育发展的经验与趋势，我国特殊教育经费的投入总量和支出结构都应进行改革。第一，政府应该加大对特殊教育经费的投入力度，这是保障和提高特殊教育质量的基本条件。尽管我国特殊教育学校学生的生均教育经费在逐年增加，但对于需要各种特殊教育支持的特殊学生而言，这些经费难以满足他们接受学校教育的最低需求。而对于那些在普通学校就读的特殊学生而言，他们所获得的生均教育经费就更低了。与日本、美国等国的特殊教育经费投入相比，我国特殊教育经费投入占国家教育经费财政投入的比例相当低，即使与日本 2009 年的 2.30% 这一比例相比，也仍有非常大的差距。第二，政府应该加大对残疾学生、特殊教育教师等的补助力度。我国特殊教育经费投入还大多集中在改善特殊教育办学条件上，如改建校舍、购买设备等，真正用于补助残疾学生、增加特殊教育教师工资及补助残疾学生家庭的费用不多，因此造成残疾学生家庭教育负担比普通学生家庭教育负担偏重的现象。第三，政府应该加大对就读于普通学校的残疾学生的资助力度。我国的特殊教育经费基本上都投给了特殊教育学校，对于在普通学校学习的残疾学生投入过少。其他国家的经验和趋势表明，在确定特殊教育经费的资助对象时应该更加关注在普通学校就读的残疾学生及其教育需求，以鼓励普通学校接收更多的残疾儿童。

第六章

中国特殊教育发展展望

    我国政府非常重视特殊教育的发展，把特殊教育当作推进教育公平、促进社会和谐的"托底工程"。2010 年颁布的《国家中长期教育改革和发展规划纲要（2010—2020 年）》（以下简称《规划纲要》）将特殊教育纳入国家教育事业改革和发展的大局之中，把特殊教育作为八大教育发展任务之一，体现了党和政府对残疾人教育事业的高度重视，为我国特殊教育的改革与发展提供了良好的机遇。完善特殊教育体系、健全特殊教育保障机制、提高残疾儿童义务教育质量是《规划纲要》的创新和亮点。2014 年国家颁布的《特殊教育提升计划（2014—2016 年）》指出，要探索符合中国国情的全纳教育模式，促使残疾儿童少年能够接受适合的教育，平等参与社会生活。特殊教育在继续关注数量和规模发展的同时，更加关注残疾人教育质量的提高，关注残疾人个体的需求与社会的有机融合，为在全球范围内建立没有排斥、没有歧视的全纳教育体系做出贡献。尽管与特殊教育发达国家相比，我国还有很大差距，但却走出了一条具有中国特色的特殊教育发展之路。

一、特殊教育发展中的问题

（一）中西部地区特殊教育学校数量不足

2012 年全国共有特殊教育学校 1853 所，其中盲校 32 所，聋校 456 所，培智学校 408 所，综合性特殊教育学校 957 所。从区域分布看，东部地区特殊教育学校占比最大，全国 43.06% 的特殊教育学校集中在东部地区，中部地区占比为 31.68%，西部地区占比为 25.26%。

特殊教育学校数量不断增加。2012 年全国特殊教育学校比 2011 年增加了 86 所，比 2010 年增加了 147 所。各类特殊教育学校发展趋势有很大差异，其中综合性特殊教育学校数量增幅显著，2012 年比 2010 年增加了 158 所，而聋校、盲校则分别减少了 22 所和 1 所，这为推动特殊教育学校扩大招生类别及招收多重残疾学生提出了新的要求。

从区域增幅来看，中西部地区特殊教育学校数量增长幅度大，其中西部地区增长幅度最大，为 17.71%，中部地区为 7.51%。这与国家近年加大中西部地区特殊教育学校投建力度有密切关系。国家"十一五"期间实施的"中西部地区特殊教育学校建设"项目取得了显著的成效，中央和地方政府投入了 47 亿元，基本完成了改建或新建特殊教育学校 1182 所，缩小了中西部地区与东部地区的差距，使特殊教育学校布局逐渐趋于合理。

尽管从总体上讲，特殊教育学校数量增长比较快，但由于起点低、基础薄、历史上欠账多，中西部地区仍然是特殊教育资源相对欠缺的地区。目前，我国有 30 万人口以下的县 689 个，其中有将近 100 个县至少有一所特殊教育学校，但仍有 589 个县没有特殊教育学校，属于特殊教育资源"空白县"，其中大多数县分布在中西部地区。这些"空白县"没有特殊教育学校，没有特殊教育教师，特殊教育经费及特殊教育设备设施极为匮乏，当地残疾学生的义务教育面临比较大的困境。

此外，我国残疾人高等教育也得到了一定的发展。2012 年全国有高等特殊教育院校（系/专业）20 所，其中 13 所在东部地区，仅有 7 所在中西部地区。可以说，推动中西部地区残疾人高等教育发展仍需要各级政府的高度重视。

（二）在校残疾学生人数有下降趋势

2012 年在校残疾学生人数为 37.88 万，其中特殊教育学校就读学生人数为 17.90 万，普通中小学随班就读和普通中小学附设特殊教育班的残疾学生数为 19.98 万。此外，一些特殊教育学校选派教师为不能到校上学的有重度以上残疾的适龄学生提供"送教上门"服务。

从在校学生的残疾类别比例来看，智力残疾学生占 49%，听力残疾学生占 27%，其他残疾学生如孤独症学生、脑瘫及多重残疾学生等占 13%，视力残疾学生则仅占 11%。近几年来，孤独症、脑瘫、多重残疾等残疾学生教育需求比较大，在校学生人数有逐年增加的趋势。残疾儿童接受义务教育的比例为 71.9%。[①]

从在校残疾学生的安置类型看，特殊教育学校就读学生人数占 47%，普通中小学随班就读和普通中小学附设特教班就读学生人数占 53%。基本保持了"以特殊教育学校为骨干，以大量随班就读和特教班为主体"的格局。

从在校残疾学生的学段分布看，2012 年残疾在校生有 71%（26.85 万人）分布在小学阶段，26%（9.98 万人）分布在初中阶段。就区域分析发现，东、中、西部地区残疾学生各学段的分布情况也有一定的差异。中部地区初中阶段残疾学生比例最低，比东部地区和西部地区分别低了 5.40% 和 4.56%；西部地区高中阶段残疾学生比例最低，比东部地区和中部地区分别低了 2.58% 和 1.51%。

在校残疾学生人数逐年下降。2012 年在校残疾学生人数比上一年减少

---

① 中国残疾人联合会，等，2014. 关于印发《2012 年度残疾人状况及小康进程监测报告》的通知［R/OL］.（2014－08－12）［2014－12－06］. http：//www.cdpf.org.cn/sjzx/jcbg/201408/t20140812_410999.shtml.

了 3.72 万，在校残疾学生人数已经连续三年逐年减少。进一步分析发现，特殊教育学校就读学生人数逐年增加，2012 年比上一年增加了 0.55 万，但在普通学校就读的残疾学生人数则减少了 2.54 万，下降幅度比较大，已经连续三年逐年减少。从东、中、西部地区看，各区域在校残疾学生数量都有下降趋势，其中中部地区降幅最大，明显大于西部地区和东部地区。不仅如此，中部地区特殊教育学校招生规模也呈缩小趋势，中部地区的"凹陷"态势应该引起高度重视。

残疾人高等教育包括残疾人本科教育和大专教育两部分。2012 年全国在校残疾大学生 2.8 万多人，其中本科在校生 1.5 万多人，专科在校生 1.3 万多人。全国共招收残疾大学生 8363 人，其中普通高等院校录取 7229 万人，占比 86.44%；高等特殊教育院校录取 1134 万人，占比仅为 13.56%。从地区分布来看，中西部地区共录取 5227 人，东部地区录取 3136 人。东部地区高等特殊教育院校录取人数占录取总人数的 21.36%，远远高于中西部地区。推进普通高等院校招收残疾大学生是促进残疾人高等教育发展的主要途径。

在普通学校就读的残疾学生人数持续下降的趋势需要引起高度重视。《中国教育统计年鉴》历年的统计数据表明，普通学校就读的残疾学生人数已经从 2009 年 26.92 万下降到 2013 年 19.98 万，降幅达 25.78%。尽管在特殊教育学校就读的残疾学生人数从 2009 年到 2012 年都持续增长，但由于在普通学校就读的残疾学生人数下降幅度更大，导致在校残疾学生总人数逐年下滑，应该引起各级政府的高度重视。否则，《特殊教育提升计划（2014—2016 年）》提出"到 2016 年，全国基本普及残疾儿童少年义务教育，视力、听力、智力残疾儿童少年义务教育入学率达到90%以上，其他残疾人受教育机会明显增加"的总目标将难以实现。

尽管在普通学校就读的残疾学生人数下降的原因可能是多方面的，诸如全国适龄残疾儿童人数可能与普通中小学生人数一样也在逐渐减少，但不可否认的是，残疾学生人数下降与各级政府对残疾学生在普通学校就读的重要性认识不到位、重视不够，以及残疾学生在普通学校就读缺乏政策、经费、人力等支持与保障有很大的关系。

（三）孤独症、脑瘫等残疾儿童少年的受教育机会少

2012 年全国有实名登记的未入学适龄残疾儿童少年为 9.10 万人，其中智力残疾（2.82 万人）、肢体残疾（2.86 万人）和多重残疾儿童（1.36 万人）合计占未入学适龄残疾儿童总数的 78% 左右。由此可见，未入学适龄残疾儿童少年中智力残疾、肢体残疾和多重残疾儿童占比最多，解决这三类残疾儿童的教育问题是提高残疾儿童义务教育普及水平的重要任务。

实名登记的未入学适龄残疾儿童少年人数逐年减少。2012 年全国实名登记的未入学适龄残疾儿童少年比 2011 年减少了 3.55 万人，比 2010 年减少了 5.38 万人，逐年大幅减少。从地区分布看，与 2010 年相比，2012 年东、中、西部地区的未入学适龄儿童少年人数的减少幅度的差异非常明显，其中西部地区减少幅度最大。西部地区未入学残疾儿童少年人数减少了 49.65%，中部地区减少了 24.21%，东部地区减少了 17.44%。

尽管中西部地区未入学适龄残疾儿童少年人数减少幅度比较大，目前仍然是全国实名登记的未入学适龄残疾儿童少年比较集中的地区。从地区分布看，未入学的适龄残疾儿童有近八成在中西部地区，其中西部地区最多，约 4.04 万人，占未入学适龄残疾儿童少年总数的 44.37%；其次是中部地区，约 3.20 万人，占总数的 35.14%。实名登记未入学的适龄残疾儿童最多的是河南省，约 8345 人，其次是贵州省 6912 人，湖南省 6401 人。西部地区实名登记未入学的适龄残疾儿童普遍比较多，5000 人以上的就有 5 个省，西藏自治区的实名登记未入学适龄残疾儿童最少，但也有 450 人。考虑到中西部地区特殊教育学校相对较少，特殊教育办学条件相对较差，这些地区在 2016 年前解决所有实名登记未入学的适龄残疾儿童入学问题仍然面临较大挑战。

对实名登记未入学的适龄残疾儿童数据进一步分析发现，存在着较大的地区差异。城市或经济发达地区，孤独症、脑瘫、重度肢体残疾和多重残疾等残疾儿童未入学人数较多，是未来义务教育需要重点攻关的"困难群体"。农村或经济欠发达地区，智力残疾、听力残疾、视力残疾和肢体残疾等残疾儿童仍然是未入学的"重点人群"。因此可见，城市或经济发

达地区应该积极应对挑战，创新特殊教育学校办学模式，重点探索和研究孤独症、脑瘫、重度肢体残疾和多重残疾等残疾儿童少年的教育模式和途径，而农村或经济欠发达地区则应该通过多种形式和途径，扩大适龄残疾儿童接受义务教育的机会，在重点解决智力残疾、听力残疾、视力残疾和肢体残疾等残疾儿童义务教育的基础上，探索多重残疾、重度孤独症、重度脑瘫等不同类别残疾儿童的教育途径和方法。

（四）中西部地区新建特殊教育学校教师严重缺编

2012 年全国特殊教育学校教职工人数为 5.36 万，其中专任教师人数为 4.37 万，比上一年增长了 0.24 万。从生师比来看，2012 年特殊教育学校在校生数为 17.90 万，特殊教育学校专任教师数为 4.37 万，生师比为 4.10：1，好于 2011 年。2012 年特殊教育学校教师中具有本专科以上学历的占 93.29%，比上一年增加了 1.72%，高中及以下学历的教师则减少了 1.71%。从教师职称构成看，小学高级和中学高级职称的教师占比合计为 58%，比上一年低了 1%，而未评职称教师人数达到 3880 人，占比 9%，比上一年高了 2%。新入职特殊教育教师的职称问题值得关注。

从地区特殊教育教师人数增幅看，西部地区特殊教育教师数量增长最快，2010 年到 2012 年，西部地区特殊教育教师人数平均增长幅度为 21.69%，中部地区为 8.46%，东部地区为 6.90%，西部地区增长幅度远大于中部和东部地区。由于特殊教育学校数量在增加，所需特殊教育教师人数也在增加。但是在东部地区的天津市、上海市及江苏省，特殊教育学校数量没有增加或略有减少，但特殊教育教师人数反而在增加，说明由于招收了残疾程度较重或多重残疾的学生，需要更多的特殊教育教师。东部地区的辽宁省，2010 年至 2012 年特殊教育教师出现负增长，降幅达 8.38%，应该特别引起高度关注。

尽管全国特殊教育学校教师人数逐年增加，但中西部地区特殊教育教师仍然严重短缺。"十一五"期间，中西部地区特殊教育学校建设规划（2008 年至 2010 年）新建、改建或扩建了 1182 所特殊教育学校，如果这些特殊教育学校陆续招生或扩大招生规模，将会需要大批特殊教育教师。

按照每所特殊教育学校平均 90 名在校学生（2012 年全国特殊教育学校平均在校学生 97 人）、生师比 3.5：1（目前培智学校的生师比）计算，1182 所特殊教育学校至少需要 3 万名特殊教育教师，教师数量缺口非常大。解决特殊教育教师短缺问题，单靠中西部地区各级政府自己的力量很难完成，需要中央政府的支持与保障。

与普通教育教师相比，特殊教育教师承担的责任更大。由于面对的学生群体特殊，学生能力差异突出，教学挑战大，所以特殊教育教师的成就感低。特殊教育教师不仅需要承担教育教学工作，更要肩负起给学生传授生活经验和技能的重任，承担更多的安全责任，因此职业认同感差，挫折感强烈。特殊教育教师的工资、福利相对较低，职业缺乏吸引力。我国从 1956 年起实施特殊教育教师享受基础工资加职务工资的 15% 的特殊教育津贴政策，几十年过去了，该项政策却一直未做调整。特殊教育教师享受特殊教育津贴政策对稳定教师队伍起到很大作用，但自 2006 年教师工资结构改革后，教师的基础工资加职务工资之和占工资总额的比例下降，15% 的特殊教育津贴仅占特殊教育教师工资总额的 4%—6%，平均每月仅能增加 200 元—400 元，远不能体现特殊教育教师职业的特殊价值。

（五）全国特殊教育学校校舍存在危房

随着国家对特殊教育学校建设的大力支持，特殊教育学校的校舍建筑面积、专业教室设施设备数量及图书和数字资源拥有量等都得到了很大的改善。2012 年特殊教育学校生均校舍建筑面积有较大增加，与上一年相比增加了 4.97 平方米。与普通小学和中学相比，特殊教育学校生均校舍建筑面积分别是普通小学、初中生均校舍建筑面积的 6.10 倍和 3.70 倍，生均运动场地面积分别是普通小学、初中生均运动场地面积的 2.76 倍和 2.27 倍。特殊教育学校的办学条件逐渐得到改善，越来越有条件满足特殊儿童的教育、康复及生活的需求。

特殊教育学校仍然存在相当面积的危房。尽管特殊教育学校危房面积从 2010 年的 283501 平方米减少到 2012 年的 180694 平方米，减少了 36.3%，已经有 9 个省消除了特殊教育学校危房。但中西部地区特殊教育学校危房面积仍然高达 145751 平方米。特殊教育学校危房非常危险，在校残疾学生或者是视力残疾，看不见或看不清，或者是听力残疾，听不见或听不清，或者是智力残疾，认知、反应等都很迟缓，一旦遇到极端天气如大风、大雨或地震等突发灾难导致危房塌陷，这些残疾学生逃生极为困难，因此特殊教育学校和各级政府应高度警惕，尽快消除特殊教育学校的危房。

中西部地区特殊教育学校教学康复训练设施短缺。"十一五"期间，基本实现了 30 万人口以上的县独立设置一所特殊教育学校的目标，即基本完成了新建、改建或扩建 1182 所特殊教育学校的任务。这些特殊教育学校不仅要完善校舍改造或建设，国家也下发了专项资金来配置必备的教学、康复训练设备与设施，以使特殊教育学校的办学条件得到明显改善，满足残疾学生教育教学的基本需求。根据 2012 年针对中西部地区 7 个省、自治区、直辖市的 98 所特殊教育学校（其中 46 所新建，52 所改建）的调查表明，95%以上的新建校和改扩建校都"基本配齐"了教学基本设备（如课桌椅、多媒体）等，但仅有 34.78%的新建校（16 所）和 73.08%的改建或扩建学校（38 所）配置了专用教室及基本设备。此外，新建的特殊教育学校中，还有相当数量的特殊教育学校未能招生，教学、康复训练等设备和设施也未能配足配齐。由此可见，国家需要继续实施中西部地区特殊教育倾斜政策及项目工程，以便新建特殊教育学校尽快招收适龄残疾学生入学。

（六）残疾人家庭教育负担偏重

国家财政性教育经费投入是特殊教育学校经费收入的主要来源。2011 年特殊教育学校国家财政性经费占特殊教育学校经费收入的比例已经达到 97%以上，而社会团体和公民个人办学经费、社会捐资及其他收入等三项之和的占比不足 3%。近几年，社会捐资款项虽然一直在增加，但是由于其增幅落后于特殊教育财政性经费的增幅，在特殊教育学校经费收入中的比例已经下降到不足 1%。在特殊教育学校国家财政性经费投入中，公共财政预算经费是核心部分，2011 年已达 62.98 亿元。从地区来看，2011 年西部地区特殊教育公共财政预算经费占特殊教育学校经费收入比重最大，为 90.59%，东部地区比例最小，为 78.21%。

从国家对特殊教育学校的经费投入总量看，国家财政性教育经费与公共财政预算教育经费投入逐年增加。2011 年国家财政性教育经费与公共财政预算教育经费分别投入了 73.91 亿元和 62.98 亿元，分别比 2010 年增加了 8.47 亿元和 3.01 亿元，比 2009 年增加了 30.15 亿元和 23.87 亿元。东部地区各省平均财政性教育经费投入约是西部地区的 2.3 倍至 2.7 倍。

从特殊教育学校经费支出占全国各级各类教育机构教育经费支出的比例来看，2011 年占比为 0.32%，比 2010 年降低了 0.04 个百分点。从特殊教育学校经费支出结构来看，2011 年基本建设经费支出为 6.99 亿元，占比为 9.46%，比 2010 年降低了 6.48 个百分点，下降明显。此外，2011 年事业性经费支出中，个人部分支出为 37.98 亿元，占总支出的 56.84%。可以看出，特殊教育学校经费收入的一半以上用于支付特殊教育教师工资福利、个人和家庭补助等支出。

2011 年全国特殊教育学校平均生均教育经费支出是 4.23 万元，其中生均公共财政预算教育经费支出是 3.35 万元，分别比 2010 年增加了 0.14 万元和 0.12 万元。与东部地区和西部地区相比，中部地区无论是生均教育经费还是生均公共财政预算教育经费支出都明显较少。

尽管特殊教育学校财政性教育经费投入不断增长，但 2011 年特殊教育学校国家财政性教育投入仅占教育财政性投入的 0.40%，仍然偏低。

残疾学生家庭教育负担偏重。由于特殊教育经费投入有限，国家的特殊教育经费主要用于新建、改扩建特殊教育学校的校舍及配备和改善基础设施设备上，而在普通学校就读的几十万残疾学生获得的补助及特殊教育教师的薪资增幅不大。2011 年事业性经费支出中个人部分支出占 56.84%，而 2010 年为 58.76%，2009 年为 65.66%，个人部分支出比例下降直接影响教师工资福利及对学生个人和家庭的补助，如果不能适时增长，会进一步影响教师队伍的稳定性及残疾学生的福利。近几年，国家加大了对义务教育阶段贫困学生的补助力度，许多残疾学生也相应地享受了该项政策，确实在一定程度上减轻了残疾学生家庭的负担，但由于对残疾学生的补助额度不高，补助人数有限，大多数残疾学生家庭仍然要比普通学生家庭支付更多的教育费用。在义务教育阶段，残疾学生家庭不仅需要支付残疾学生的教科书费（盲教材、大字版的教材成本很高）、生活费、住宿费、每学期至少一次往返回家的交通费等，而且还需要支付更多的医疗、康复等费用。在非义务教育阶段，残疾学生家庭则可能需要负担更多，除了上述费用以外，还需要负担一定的学费、杂费等。可想而知，在农村地区或偏远的山区，残疾学生家庭的教育负担确实很重，一个残疾孩子可以拖垮一个中等收入的家庭。北京师范大学中国公益研究院关于孤独症儿童的现状分析报告指出，47%的孤独症儿童家庭所支付的孤独症儿童康复训练费用超过了家庭总收入的50%，近三成家庭的经济总收入甚至不足以支付孤独症儿童康复训练的费用。[①] 其他脑瘫、重度肢体残疾和多重残疾儿童家庭的负担也与孤独症儿童家庭情况类似。因此，国家应该承担义务教育阶段残疾学生所有的教育及生活费用，并适当补助辅助用具、康复医疗等费用，让所有适龄残疾孩子不因贫困而失去接受义务教育的机会。

二、特殊教育发展政策建议

从总体上看，我国特殊教育的发展水平与特殊教育发达国家和地区相比，还有一定的差距，是我国各级各类教育中的"短板"，远不能满足广大残疾人对教育的需求，确实需要各级政府加大对特殊教育的支持力度，在继续支持特殊教育学校发展的同时，也要从体制上改革普通教育，让普通学校也成为适宜残疾学生学习的教育场所，增加残疾人的受教育机会，提升特殊教育的整体发展水平，具体政策建议有以下六个方面。

（一）实施特殊教育资源中心建设计划

"十一五"期间，借助国家实施的"中西部地区特殊教育学校建设"

---

① 北京师范大学中国公益研究院，2012. 中国自闭症儿童现状分析报告［R］.

项目，全国基本完成了 1182 所特殊教育学校的新建、改建或扩建，基本保障了 30 万以上人口的县有一所独立设置或综合类的特殊教育学校，为普及残疾儿童义务教育打下了良好的基础。

近几年来，中西部地区特殊教育学校数量增长速度非常快，但由于中西部地区特殊教育发展起点低、历史上欠账太多，因此特殊教育学校数量仍难以满足残疾儿童接受义务教育的需求。据调查数据显示，目前我国仍有 589 个人口在 30 万以下的县没有特殊教育学校，属于特殊教育资源"空白县"，这些县是中国最贫穷也是残疾儿童义务教育最薄弱的地区，单纯依靠地区本身的力量很难完成普及残疾儿童义务教育的任务。由于这些地区的人口在 30 万人以下，适龄残疾儿童人数有限，不需要投入巨大的资金兴建新的特殊教育学校，以免将来残疾学生人数减少而造成特殊教育学校资源闲置。因此，为了推动这些地区残疾儿童义务教育的发展，国家需要设立专项资金协助这些地区将现有闲置的普通学校改建为县级特殊教育资源中心，以便提高这些地区残疾儿童义务教育的实施能力。特殊教育资源中心一方面可以接收那些目前不适宜在普通学校随班就读的适龄中重度残疾儿童入学，另一方面还可以为本地区在普通学校随班就读的残疾学生和随班就读教师提供日常指导、咨询以及培训等支持保障性服务。实施该计划，可以保障中国的每一个县级政府都具有为适龄残疾儿童提供义务教育的能力，从而保障《义务教育法》得到有效的贯彻实施。

（二）加大对中部落后地区特殊教育的支持力度

西部地区仍然是中国特殊教育发展最薄弱的地区，2012 年实名登记的未入学适龄残疾儿童少年有 9.1 万人，其中 44.19%集中在西部地区，因此西部地区残疾儿童的义务教育仍然面临巨大挑战。随着国家对西部地区支持力度的增大，从数据分析结果看，西部地区特殊教育学校数量及在校接受义务教育的残疾学生人数增速很快，而中部地区特别是中部欠发达地区特殊教育整体发展水平偏低，无论是新增特殊教育学校数量、已有特殊教育学校办学条件、特殊教育教师数量与待遇，还是残疾学生在校就读人数及未入学残疾儿童人数等都与东部地区存在一定差距，因此特殊教育发展也出现了中部地区"凹陷"的现象。如果不加大支持力度，中部地区将来很有可能成为残疾儿童义务教育最薄弱的地区。

2012 年国务院出台的《关于大力实施促进中部地区崛起战略的若干意见》指出，"到 2020 年，中部地区年均经济增长速度继续快于全国平均水平，整体实力和竞争力显著增强"，"体制机制更加完善，城乡居民收入与经济同步增长，城镇化率力争达到全国平均水平，基本公共服务主要指标接近东部地区水平，在支撑全国发展中发挥更大作用"。由此可见，到 2020 年，中部地区的整体实力和竞争力一定会得到很大提升。对于中部特殊教育来说，也应抓住机遇。国家在继续支持西部地区特殊教育发展的同时，也要加大对中部地区特殊教育发展的支持，适时启动实施"促进中部地区特殊教育崛起工程"，不仅应根据需要对特殊教育学校校舍进行改造或建设，彻底消灭中部地区特殊教育学校的危房，也应该加大对已有特殊教育学校的教学和康复训练设备、设施的配备力度，积极改善特殊教育学校办学条件，满足中部地区残疾学生教育教学的基本需求。

（三）扩大孤独症、脑瘫等残疾儿童受教育机会

随着国家对特殊教育发展的支持力度越来越大，残疾儿童的受教育机会越来越多，特别是智力残疾、听力残疾和视力残疾等三类残疾儿童的义务教育状况相对比较好，许多大城市基本解决了适龄智力残疾、听力残疾和视力残疾等三类残疾儿童的义务教育问题（重度、极重度残疾儿童除外），但三类残疾以外的其他残疾类别的残疾儿童，如孤独症、重度肢残、脑瘫及多重残疾儿童等"特殊困难群体"的义务教育问题越来越突出。

近几年来，孤独症儿童的教育需求越来越强烈，引发了社会的极大关注。美国疾病控制和预防中心发布的数据显示，2008 年美国每 88 名儿童中就有 1 名是孤独症儿童。① 全球孤独症儿童的出现率呈逐年上升的趋势。据 2004 年北京市残联与北京市卫生局在全市 18 个区县进行的针对 0—6 岁

---

① 新华网，2012. 美国自闭症患儿比例创新高［EB/OL］.（2012-03-30）［2014-08-09］. http：//news. xinhuanet. com/2012-03/30/c_111721303. htm.

残疾儿童的抽样调查结果显示，北京市 2—6 岁孤独症儿童的发病率为 1.5‰，即平均每 2000 名儿童中，就约有 3 名孤独症患儿。据此推算，仅北京市户籍人口中就约有 3000 名孤独症儿童，全国 0—6 岁的孤独症儿童达到了 100 多万。[①] 孤独症儿童最显著的特点是其社交能力有缺陷，难以与人进行交流，大部分孤独症儿童有智力落后现象，也有部分智力属于正常或超常范围，因此他们的教育需求复杂多样。

我国特殊教育学校有盲童学校、聋童学校和培智学校三类，主要是招收听力、视力、智力残疾的残疾学生，仅有部分培智学校招收程度较轻的适龄孤独症儿童入学，普通学校对孤独症儿童的教育也知之甚少，拒绝孤独症儿童入学的现象普遍存在。由于缺少学校教育机会，孤独症儿童只能选择由家庭付费，在康复机构接受干预训练。相关调查结果显示，孤独症儿童的上学、就业、安置及养护问题是我国孤独症儿童家庭最急需解决的问题。为了解决孤独症、脑瘫、多重残疾等适龄残疾儿童的教育问题，提出以下建议：

第一，设立 1—2 所国家级孤独症、脑瘫等儿童少年的特殊教育学校。这类专门的特殊教育学校一方面可以提供中重度以上孤独症或脑瘫儿童的学前教育、义务教育以及非义务阶段的教育服务，另一方面也可以与高等师范院校或康复机构、医院等密切合作，探索教育、康复干预、社区就业等方面的有效途径，从而提高孤独症、脑瘫儿童教育的整体发展水平。

第二，探索特殊教育学校招收孤独症儿童的模式。《特殊教育提升计划（2014—2016 年）》指出，要提高特殊教育学校招生能力，支持现有特殊教育学校扩大招生规模、增加招生类别。因此，各个地区要认真落实文件的精神，条件允许的特殊教育学校要发挥自身的教育优势，通过增设孤独症教育康复部以扩大招生类别，特别是培智学校或盲童学校可以采用混合编班或单独编班的安置形式，使孤独症儿童有学上。

第三，大力支持普通学校招收孤独症残疾儿童。许多发达国家都是依

---

① 北京市残疾人联合会，2010. 北京市残联与北京大学第六医院签署孤独症儿童康复项目合作协议 ［EB/OL］. （2010-10-11）［2014-05-06］. http：//www. bdpf. org. cn/zxpd/gzdt/c5703/content. html.

靠已有的普通教育机构解决孤独症儿童的教育问题。我国目前也开展了孤独症儿童在普通学校就读的工作，但效果并不理想，主要原因是学校教师与普通儿童家长的接纳程度低，教师缺乏相应的知识与技能。未来国家可以加大对普通学校的经费支持，加强对普通教师的特殊教育培训，在普通学校设立资源教室或由特殊教育教师定期提供巡回指导服务等，以支持普通学校积极招收孤独症儿童入学。

（四）提高特殊教育教师职业吸引力

特殊教育事业的深入发展离不开稳定的师资队伍，但我国目前特殊教育专任教师数量严重不足，特别是中西部地区特殊教育专任教师缺编严重。与普通中小学教师相比，特殊教育教师的专业化应该更高。他们面对的是残疾学生，需要付出比普通教师更多的爱心、责任心和耐心，工作更艰苦，付出更多，但工资待遇却普遍偏低，特殊教育教师岗位缺乏吸引力。

提高特殊教育教师待遇是提高特殊教育教师职业吸引力的重要措施。因此，为了稳定特殊教育教师队伍，吸引优秀人才从事残疾人教育事业，建议采取如下措施：

第一，显著改善和提高特殊教育教师待遇，特殊教育教师津贴费由原来基础工资加职务工资之和的15%提高到50%以上；对残疾人中等职业技术学校和高等特殊教育院校的特殊教育教师提供专项补助；连续从事特殊教育工作满20年的特殊教育教师，其特殊教育岗位津贴计入退休工资；普通学校教师在承担特殊教育班工作或随班就读工作期间，享受特殊教育岗位的专项补助；实施师范生免费计划。此外，为送教上门的特殊教育教师和承担"医教结合"实验的相关医务人员提供工作补贴、交通补贴。

第二，建立特殊教育教师职业准入制度。增设特殊教育教师资格类别，制定特殊教育教师资格条件和资格考试标准。规定随班就读教师、资源教师、巡回指导教师、康复类专业人员的岗位条件。

第三，扶持普通学院或大学开设特殊教育专业必修课程，并鼓励普通大学生毕业后通过加修一定的学分获得特殊教育教师的资格认证，以便从事特殊教育教学工作。建议结合我国国情，有计划地在东、中、西部地区的普通师范院校开设特殊教育专业必修课程，使更多的师范院校在校生了解特殊教育理念，掌握特殊教育基本理论知识。部分有条件的综合性大学可以试点加开特殊教育专业选修课程。

此外，应该尽快出台特殊教育学校教职工编制标准，按标准逐步配足配齐教职工，减轻特殊教育教师的工作负担和压力，进一步提高特殊教育教师职业吸引力。

（五）尽快出台推动全纳教育发展的政策

20 世纪初期，无论是发达国家还是发展中国家，逐渐将公办的特殊教育学校和特殊教育班作为教育残疾儿童的主要场所，而这种封闭隔离式的特殊教育安置形式剥夺了残疾儿童和其他儿童一起生活、学习的机会，对残疾学生回归社会非常不利。因此，一些世界发达国家和国际组织基本达成共识，实施普通教育体系改革，推动残疾儿童在普通学校与普通儿童一起学习的教育形式，即所有儿童必须有机会进入普通学校学习，学校不仅要接受而且要满足所有学生的特殊教育需要，提出"隔离就是不平等""全纳教育：未来之路"[①] 等理念，发达国家纷纷出台法律法规、制定有效政策，以使残疾人在普通教育系统中获得必要的支持和便利，推动全纳教育的发展。

世界特殊教育的发展历史告诉我们，没有任何一个国家仅仅依靠特殊教育学校或机构就能解决所有残疾儿童少年的教育问题。残疾人教育必须依靠政府、依靠整个教育体系（包括普通教育与特殊教育），乃至整个社会的齐心协力，才能为所有（而不是仅为残疾人群体中的部分人）适龄残疾儿童提供适宜的教育服务。中国是《残疾人权利公约》的签约国，承诺确保残疾人不因残疾而被排拒在普通教育系统之外，2014 年颁布的《特殊教育提升计划（2014—2016 年）》也明确提出了"全面推进全纳教育，

---

① 联合国教科文组织国际教育局，2013. 全纳教育：未来之路 [EB/OL].（2013-01-09）[2015-05-08]. http：//www. docin. com/p_576667389. html.

使每一个残疾孩子都能接受合适的教育"的目标。如何从法律制度上更加有效地保障残疾人特别是残疾儿童少年平等获得受教育权，使他们在最小差别的环境中与普通学生共同成长、更好地融入社会，已成为促进教育科学发展、保障教育公平的重要课题。世界上许多国家推动全纳教育的经验表明，发展全纳教育必须实施普通教育系统的改革，如果教育体系和社会系统仍旧保持着原有的排斥状态，全纳教育的推行就难以实现。完善法律法规的建设、实施普通教育体系改革对推动全纳教育至关重要。

在中国推进全纳教育需要以政府为主导，以教育行政部门为主体，全社会共同参与。国家应该推动舆论，消除阻力，逐步形成社会共识，并逐步修改现行法律法规中阻碍全纳教育实施的条款和内容，研究全纳教育的实施战略、内容和方式，探索符合中国国情的全纳教育模式，为在全球范围内建立没有排斥、没有歧视的全纳教育体系做出贡献。

随班就读是我国发展全纳教育的重要方式，但近几年我国随班就读残疾学生人数逐年下降，如果国家再不采取有效的行动与措施，在普通学校就读的残疾学生人数还有可能继续下降，会严重影响我国基本普及残疾儿童义务教育的目标的实现。因此，各级政府应该在扩大残疾学生随班就读的规模、逐步提高随班就读的质量的同时，积极探索符合中国国情的全纳教育模式。我们建议，首先，应尽快推进我国《特殊教育法》的立法程序，扩大残疾人类别，对政府权责、特殊教育学校建设、特殊儿童鉴定与辅导、特殊教育师资培养、特殊教育课程与教材开发等各种事项做出明确规范，使特殊教育真正走到依法治教的轨道上；适时启动《促进残疾人全纳教育条例》的研制，推动全纳教育在中国的发展。其次，国家要设立若干个县级或区级国家全纳教育实验区，可以探索研究县级残疾儿童义务教育的行政管理和教学支持保障机制、常规经费和专项经费互补体系、教师岗前培养和岗后培训途径、教师规范考核和奖励机制、普通课程和特殊课程有机融合的课程设置、残疾学生在普通学校与特殊教育学校的安置转衔及残疾儿童教育指导咨询委员会的工作机制等内容，为国家加快构建"普特融通"的教育体系、全面推进全纳教育奠定基础。

此外，我国可在适当时候修订现有法律法规中与《残疾人权利公约》有关全纳教育内容相抵触的条款，并在修订《教育法》《教师法》等现有普通教育法律时考虑到目前在普通学校就读的残疾学生的需要，增加相应的内容。目前我国的残疾人教育是相对独立的特殊教育方式和与其平行的残疾人与同龄普通人一起受教育的普通教育方式并存，这两种方式是相互结合、相辅相成的，两个系统可以双向交流，构成特殊教育与普通教育密切融合又相对独立的、包含在国家大教育体系中的小特殊教育体系。世界各国普遍接受了全纳教育的思想，尤其对残疾儿童的教育给予了重点关注。联合国教科文组织 2010 年发布的《全民教育全球监测报告》就多次提到残疾儿童的教育问题。因此，无论是现实需求还是国际趋势都要求我国的法律法规完成这种融合，把全纳教育放在优先发展的战略地位。

（六）分阶段推行特殊教育全免费制度

许多国家倡导"弱势群体资源分配优先"原则，对残疾人义务教育实行全部免费，不仅免除教育费用，而且免除接受义务教育所需要的其他个人花费，如住宿、伙食、交通、课本、学习辅助用品用具等费用，为残疾儿童提供更长的公共服务教育年限。

进入 21 世纪以来，国家实施了一系列倾斜政策和重大工程项目，保证每一个孩子不因贫困而失去接受义务教育的机会，基本实现了普通儿童义务教育免费，但我国残疾儿童义务教育有其特殊性，如成本高、花费大，国家在保障贫困残疾儿童接受义务教育方面就需要投入更多。残疾和贫困往往交织在一起，一个残疾孩子甚至可以拖垮一个家庭。很多残疾学生来自贫困家庭，这些家庭通常因为无法支付学生食宿费、交通费或教材费等不得不让残疾孩子辍学在家。因此，为了更好地保障残疾人的受教育权利，国家有必要加大特殊教育投入，分阶段实现残疾人全免费教育的目标。第一，尽快实现义务教育阶段的残疾学生（随班就读残疾学生和特殊教育学校残疾学生同等对待）教育全免费，即不仅免除残疾学生接受教育的费用如学费、杂费、教科书费、文具费等，而且免除其接受教育所需的食宿费、交通费等生活费用，并适当为残疾学生购置所需的辅助设备、用具等提供补助，以减轻残疾学生家长或监护人为残疾学生接受义务教育所承担的经济负担。第二，残疾人高中教育已经被纳入残疾人基本公共服务范畴，应逐步实施高中阶段残疾人教育全免费。第三，逐渐实现残疾儿童学前教育阶段免保育费和食宿费。第四，逐渐实现残疾人中等职业教育免费加补助政策，即免学杂费、补助食宿费和就业保障费。第五，实施残疾人高等教育免学费政策，并使残疾大学生人人享有助学金。

后　记

    本研究报告为中国教育研究院 2013 年度基本科研业务费专项基金"国情系列"项目（课题批准号：GY2013011）的研究成果，是在中国教育科学研究院领导们的具体指导、支持和鼓励下完成的。课题主持人彭霞光主要承担课题研究设计和策划、报告框架设计、组织协调、统稿等工作，并撰写前言、后记。各章节写作分工如下：第一章由赵小红执笔；第二章由杨希洁执笔；第三章由田志磊、张眉、李怡宁执笔；第四章由彭霞光、孔玲、黄汝倩、冀鸿执笔；第五章由彭霞光、赵瑜、田志磊执笔；第六章由彭霞光执笔。

    本研究报告得到了教育部、中国残疾人联合会等相关各级领导与国内特殊教育专家、学者们的大力支持。感谢中国残疾人联合会教育与就业部唐淑芬主任对本报告提出的真知灼见；感谢中国残疾人联合会教育与就业部韩咏梅处长、教育部特殊教育处黄伟处长等提出的建设性意见；感谢中国教育科学研究院副院长曾天山研究员、中国教育科学研究院陈如平研究员、北京师范大学顾定倩教授等提出的宝贵意见；感谢温岭市教委、石家庄市教委、北京市海淀区培智中心学校、重庆市特殊教育中心、武汉市盲人学校、芜湖市盲人学校等提供宝贵资料并帮助我们审读相关内容。此外，也非常感谢同事冯雅静博士给予的帮助及支持。

    由于时间紧迫和研究者水平所限，本报告中的疏漏在所难免，请广大读者批评指正。希望未来有更多的人关心、关注和研究特殊教育，为特殊教育事业的繁荣发展贡献力量！